成功をつかみとる「逆張り」という生き方

麻布自動車グループ会長
渡辺喜太郎

装幀　岩瀬聡

成功をつかみとる「逆張り」という生き方

目次

1 この平成最後の景気はバブルか

2 詐欺師が真顔でウソをつく

3 東京への一極集中は加速するばかりだ

4

ビジネスモデルはいま、異次元の変化を遂げつつある

5 「人の役に立つ」という〝アナログ〟の努力

6 運は、人が運んでくる

1

この平成最後の景気はバブルか

いまの日本経済、「バブルが終わった」という聞き捨てならぬ一言

現在の日本は、景気がいいのか悪いのか――。

「渡辺さん、どう思われますか？」

と、メディアからよくコメントを求められる。

「エライ経済学者や評論家がゴマンといるんだから、そっちに聞けばいいじゃない」

そう言って断るが、

「いえ、理屈じゃなく、渡辺さんの〝現場感覚〟の話が聞きたいんです」

と食い下がる。

それほどに、日本経済の評価は簡単ではないということになる。

私は、いま八十四歳。バブル絶頂期、私の資産は一時、一兆円以上にもなった。また世界有数の経済誌『フォーブス』が毎年発表する「世界の富豪」で第六位にランクされ、「バブルのチャンピオン」と呼ばれた。バブル崩壊後は地獄も見た。当時、私のことを「ジェットコースターの人生」と書いた週刊誌もあった。

だが、バブルが弾けて生き残ったのは私だけだ。いまも貸しビルだけで年間十数億円ほど賃貸料が入ってくる。バブル期の収入が琵琶湖とすれば、いまの収入は道路の水溜まりみたいなものだが、それでもこれだけ収入があれば悠々自適。別荘がいくつもあって、健康を兼ねてゴルフ三昧だ。商売の一線を退いているので、何にも縛られず、好き勝手に生き、誰にも気がねすることなく言いたいことが言える。

メディアはそれを見越して、

「渡辺さんは、どう思われますか？」

と、現在の日本経済についてコメントを求め、取材を申し込んでくるというわけだ。

実際、いまの日本経済の評価はさまざまだ。「百年に一度の大相場がくる」という楽観論があれば、「このままでは日本経済は崩壊する」と借金超大国の将来に警鐘を鳴らす悲観論、さらに「貧富の格差拡大」という怨嗟《えんさ》の声まである。景気を煽るのは証券各社の常としても、経済学者の間でも現状認識は真逆だ。能書きは学者につきものだが、いまほど景気評価の難しい時代はない。

そこで本書を書き下ろすにあたり、経済指標をチェックした。今年——二〇一八年二月に財務省が発表した二〇一七年の国際収支速報は、経常収支の黒字額は前年比七・五パーセント増の二十一兆八千七百四十二億円。リーマンショック前年の二〇〇七年が二十四兆九千四百九十億円だから、十年ぶりの高水準を記録し、株式市場で日本株は史上初の十六連騰。バブル崩壊後、最大の株高ブームに沸いたということになる。

さらに日銀・黒田東彦総裁による異次元の金融緩和と、都市再生特区という規制緩和によって東京を中心とした建設ラッシュが起こり、一連の大型プロジェクトに銀行の鼻息は荒い。二〇二〇年開催の東京オリンピック関連の経済効果は、三十二兆円超と見込まれている。訪日外国人旅行者数も昨年は前年比十九・三パーセント増の二千八百六十九万一千人で、統計を取り始めた一九六四年以降、最多となった。

二〇一七年度の国の税収は、所得税収が大きく伸びたことから五十九・一兆円と、バブル期の一九九一年以来、二十六年ぶりの高水準となった。

「アベノミクスは着実に成果をあげている」

と、安倍内閣が胸を張るのもわかる。

本書を執筆しているさなか、大手企業の今夏のボーナスが発表されたが、平均で九十六万七千三百八十六円。経団連が集計を始めた一九五九年以来、過去五十年間で最高額を記録したそうだ。大手企業だけの集計だから、ほんの一部の恵まれた企業だけとはいえ、数字から見る限り日本経済は総体において好景気――バブルと言っていいと私は思っている。

ところが過日のこと。親しくお付き合いしている元国土庁事務次官の的場順三氏が食事をしながら雑談で口にした次の一言が引っかかった。

「ナベさん、バブルは終わったね」

的場さんとは付き合いが旧く、的場さんが東京税関長をしていたときに、外車輸入の関税手続きを早めてくれるよう陳情に行って知り合った。私と同い年ということもあって気が合い、それ以来のお付き合いで、いまも月に一度、食事を共にして雑談に花を咲かせている。

他の人の言葉ならともかく、的場さんの「バブルが終わった」という一言は聞き捨てにはできなかった。

一九九〇年の悲劇は繰り返す

的場さんは〝カミソリ後藤田〟との異名を取った自民党重鎮・後藤田正晴に可愛がられた人だ。大蔵官僚から国土庁の事務次官に栄転するのが一九八九年。その翌年三月二十七日、大蔵省は金融機関に対して総量規制の行政指導を行う。「不動産向け融資の伸び率を、総貸出の伸び率以下に抑える」というもので、銀行局長による通達だった。

もってまわった言い方をしているが、要するに火の手が大きくなったので水をブッかけろというわけだ。キャンプファイヤーの火の調節と同じで一気に水を浴びせれば火は消えてしまう。消してしまったら、次に火を熾《おこ》すのは大変だ。だから消さないように気をつけつつ、徐々に薪を減らしていくのは私ら現場の人間にとっては当然のことなのだが、机上で采配を振るうエライ人には、それがわからない。経験則と理屈の違いである。

いったん消してから火を点ければいい――官僚はそう考える。日本の頭脳集団のやることだから当然、綿密な計算の上に成り立っている。計算としては百点満点。だけど、景気というやつは生き物だ。計算通りにはいかない。バブル経済は一気に弾け、日本は

「平成不況」と呼ばれる長い長いトンネルに入っていく。

国土庁の事務次官である的場さんは当然、この政策の推進役の一人である。というより、そのために後藤田さんによって起用されたのだと思っているが、当時、私にはそこまではわからない。

悲劇は、得意の絶頂で訪れる。


一九九〇年（平成二年）フォーブス誌で、資産五十五億ドルとして「世界第六位の富豪」と紹介されたこの年、麻布自動車グループのシンボルとして、港区麻布十番の一等地に地上十一階、地下四階の近未来的な銀色のビル「ジュールA」が竣工した。

当時、お世話になっていた三井信託銀行の故中島健社長に勧められたもので、まず二百六十坪を坪単価二千百五十万円で、その後、隣接地百坪を坪三千五百万円で購入し、建設した。親しくしていた小佐野賢治さんのアドバイスを受けながらハワイの有名高級ホテル六つを次々に傘下に納め、私の目は世界に向いていた。また国内、港区に百六十五カ所の土地、建物、栃木県に二十七ホールの温泉付きゴルフ場「喜連川《きつれがわ》カントリー倶楽部」を所有した。ジェットコースターでいえば、てっぺんまで上がったところになるが、乗っている私にはわからない。

各界から錚々たる人たちをお招きして、「ジュールA」の新築披露パーティーを開いた。「バブルのチャンピオン」にとって晴れがましい舞台だったが、的場さんが近くに寄ってくると、耳打ちするようにして言った。

「ナベさん、これから土地の価格が半分になっちゃうから、いまのうちに逃げたほうがいいよ」

「えっ？」

と思ったが、もちろん半信半疑。聞き間違えたのかと思った。得意の絶頂で、しかも〝旗艦《きかん》ビル〟の披露パーティーである。晴れの成人式で余命宣告されたようなものだ。しかし、根も葉もないことを言う人ではない。お祝いの席で口にする冗談でもない。「そんなバカな」という思いが半分、どうしてそんなことを言うのだろうという懐疑が半分、そしてほんのちょっぴりだけ、不吉な思いが影を差した。

前回のバブルの崩壊は国策だった

得意の絶頂期というのは不思議なもので、得意になればなるほど「このまま順調にいくのだろうか」と、ふとしたときに不安がよぎることがある。成長期は山頂を仰ぎ見て登っていけばいいが、ある程度の高みにまで達すると、滑落や不慮のアクシデントが心配になってくる。人間は守りに入ると臆病になるというが、私もそういう心境になっていたのかもしれない。

パーティーには各銀行から頭取や幹部たちが何人も見えていたので、私はさりげなく彼らの間をまわって、

「こんな話があるんだけど」

と、小声で聞いてまわった。

「そんなバカな」

「銀行が潰れますよ」

「銀行を潰す政府がどこの国にありますか」

「渡辺さんでも心配になることがあるんですね」

みなさん一笑に付した。

言われてみればそのとおりだ。

心配した自分がどうかしていると思った。銀行が潰れるはずはないし、銀行が潰れるときは日本が沈没するときだ。いまでこそトランプ大統領に鼻ヅラを引きまわされているが、当時、日本は米国に次ぐ世界第二位の経済大国。日の出の勢いはとどまるところを知らず、ジャパンマネーは米国企業や土地を次々に買収していた。米国の象徴であるロックフェラービルを手に入れたときは、さすがに米国民の神経を逆撫でした。日本に買い占められる――アメリカ国民は本気で心配したものだ。

旧約聖書に出て来る「バベルの塔」は天に届く塔の建設だった。日本が建設中の「バブルの塔」は米国経済を抜いて世界一の高さになるものと私たちは思っていた。「バベルの塔」は神の怒りを買って崩れ落ち、日本の「バブルの塔」は政府の失策によって崩壊するが、その足音をそうと気がつかないまま、私は「ジュールA」の新築披露パーティーで耳にしたということになる。

そして、パーティーから数日後。

いまもお付き合いのある自民党の笹川堯衆議院議員（当時）から、ご子息の結婚披露宴に招待していただいた。たまたま私の隣席が当時、自民党税制調査会会長だった野田毅さんだった。私の気持ちのどこかに、的場さんの〝耳打ち〟が引っかかっていたのだろう。

「これから政府は、土地の価格を半分にする政策を実行するという話を小耳にはさんだのですが、本当ですか？」

雑談のつもりで口にしたところが、

「そのとおりです」

あっさり言われたのである。

この日本の景気をどう見るか

私はギョッとなったが、顔にはそれを出さないようにして、

「どうやってやるんですか」

さり気なく話を継ぐと、

「土地の価格をいったん半分にまで抑えて沈静化させておいて、その後は毎年五パーセントずつ上げていって景気を回復するんです」

と言った。

心臓が早鐘を打った。政策としてはそれでいいのかもしれない。地価が半分になろうとも、景気が落ち込もうとも、毎年五パーセントずつ適正に上げていけば、机上の計算ではいずれ景気も回復する。だが当時、百六十棟以上もビルや土地を所有している私はどうするのだ。

すぐさまミッチーこと渡辺美智雄さん（元自民党副総裁）に相談した。渡辺さんはこの結婚式の仲人を務めていた。私と親しく、私がオーナーである喜連川カントリー倶楽部の名誉理事にも就任してもらい、ここで一緒にプレーし、風呂もともにする間柄だった。

私の話を聞いた渡辺さんは政府の方針に怒り心頭で、言下に吐き捨てた。

「バカ野郎！　無理して下げたら、世のなか大変なことになっちゃうじゃないか！」

だが、的場事務次官も、野田税制調査会長も、荒療治で土地政策に手をつけると口をそろえている。いくら渡辺さんが怒ったところで、この流れは止まるまい。

私はすぐさま手持ちの不動産を処理しようと動いたが、これだけの物件数を一気に処分することなど不可能だ。早耳の連中は既にこの情報をつかんでいる。都心の大型不動産の取引はピタリと止まった。どうにもならない。焦燥感でジリジリしているうちに総量規制が発表され、「バブルの塔」は轟音を立てて崩落する。


その的場さんが過日、食事をしながら「バブルは終わった」と私に言ったのである。

聞き捨てならない言葉だった。

引退して悠々自適を楽しんでいる私は、いまは商売の第一線から手を引いている。だが、かつてのバブル崩壊を経験し、辛酸を舐めた生き残りの責務として、傍観はしていられないという思いも心の片隅にある。「平成」という時代はまもなく終わる。いまの日本をどう見るのか、これから日本はどうなるのか――。そのことを、私は語っておくべきかもしれないと思った。

私は政治家でも経済学者でもない。理論や理屈を述べる資格はない。だが私には、この肌で読み取ってきた経験があり、これは私にしか語れないという自負がある。

何を根拠にバブルが終わったと判断するのか。私は箸を置いて、的場さんに問うた。

いま、バブルが終わったとする根拠はこれだ

私の〝皮膚感覚〟に対して、さすが的場さんは論理的だ。

こう言った。

「地価の適正価格というのは、バブル時の〝半値八掛け二割引〟だ。麻布十番の地価は、バブルのピークでいくらだった？」

的場さんがこの地を引き合いに出したのは、私の会社があり、この一帯を〝ホームグラウンド〟にしていたからだ。

「坪五千万」

「五千万の半値で二千五百万円、その八掛けだから二千万円、そこから二割、四百万円を引いた一千六百万円が適正価格。これを超えたらバブル、以下ならその反対」

麻布十番の地価は、バブルの底値にあたり、ある意味適正な価格である坪単価一千五

百万円～一千六百万円であったが、最近ではその価格が再び急上昇しているため、本来の不動産価値となる収益還元方式による評価を超えてきている。

たしかに日本経済は数字で見る限り好景気だが、的場さんの計算ではバブルは既に終わったということになる。

〝場所がいいからそのうち家賃も上がるだろうから、高値で買っても大丈夫だろう〟バブル期はこのような裏付けもなく感覚的に土地価格が上昇した時代だ。現在、再び無理をした机上の計算による土地の評価をする時代になっている。そういう意味でバブル崩壊に近づいている、と言えるかもしれない。

しかし、それでも私は〝的場説〟には肯定しがたいものがあった。的場さんのように論理的に反証できればいいのだが、〝皮膚感覚〟の私には無理。ただ、かつてバブル崩壊で辛酸を舐めた一人として言わせてもらうなら、バブル崩壊は貸し出しの総量規制――地価を田んぼにたとえれば、水を引く〝水道の蛇口〟を一気に閉めたために田んぼが干上がった。いまはその逆ではないか。蛇口を閉めるどころか、超低金利のため、銀行は蛇口をゆるめっぱなしにしているものの、大企業や収益率の高いＩＴ関係の会社と違って、日本経済の大部分を占める中小企業に対しては借り入れが厳しく、お金が回っていない。だから危うい景気なのだ。私は単純化して考えるが、的場さんと私の景気の見方が違うのは、大所高所から日本を動かしてきたトップ官僚と、経済の最前線で格闘してきた経営者の認識の差ということになるのだろう。

ちなみに、的場さんは安倍第一次内閣（平成十八年）で安倍総理に請われ、内閣官房副長官に就任して官界を驚かせた。内閣官房副長官は旧内務省系省庁（自治省、警察庁、厚生省）の事務次官経験者が充てられるのが慣例となっている。

大蔵省出身で、しかも退官後十五年以上も民間で過ごしてきた人間の起用は異例中の異例。

それはとりもなおさず、安倍総理が掲げた政治主導を推進するため、的場さんの経験と、知見と、手腕を期待してのことだった。

私は食事しながら〝的場説〟に首を横に振り続けはしたものの、的場さんが「バブルは終わった」と言う以上、日本経済は減速期に入っていくと見るのが正しいのだろう。

景気は勝手気ままに変動していくものなのか

前で数字で示したように、日本経済は好景気だ。経済指標から見る限りバブル的場さんが言うように、既にピークは過ぎたとしても、遠からずスピードを落とし、停車するとしても、いまはスピードを出して走っている。列車が惰性で走るような状況で、は続いている。

だが正直言って、現場主義で生き抜いてきた私は、景気そのものの分析にはさして興味はない。こんなことを言うと経済評論家たちに怒られるかもしれないが、景気の先行きをどう読もうと、景気は勝手気ままに変動していくものである以上、時代状況に応じてどう処するかが大事ということになる。

こう言うと、

「だからこそ、景気分析が必須ではないか」

という異論が必ず出てくるが、私に言わせれば、これは景気の何たるかを知らない人だ。景気の動向は人智を超えたものであり、その要因は常に〝あと分析〟であることを忘れてはならない。この私がいい例だ。「バブルのチャンピオン」と呼ばれた当時の私は、経済動向を読んでビジネスを仕掛けたわけではない。その時々において知恵を絞り、努力した結果、一兆円の資産を有するまでになったにすぎない。あとで話すが、「儲けた」のではなく、「儲かった」というのが正直なところだ。

まして、「これから日本の経済はこうなる」という経済評論家の予測は、競馬予想と同じだと思っている。デタラメな予想をしていると言っているのではない。たとえば競馬予想は血統から調教タイム、体重、距離、脚質、調子、騎手など、レースにかかわるデータのすべてから専門家が知恵を絞って導き出す。だから、予想としては正解である。しかし予想は外れることが多い。正解でありながら不正解——これが競馬予想だ。

経済予想も同じだ。あらゆる経済指標をベースに主要国の経済動向、国際関係、歴史から学ぶ経験則など、経済予想のためのあらゆるデータから導き出す。予測する人間や機関によって、手法はさまざまとしても、予想としては競馬同様に正解なのである。

だけど、予想は外れる。週刊誌のバックナンバーを見れば、このことはすぐわかる。株価がどうなる、地価がどうなる、いまがマンションの買いどきだと煽ったかと思えば、その数カ月後には「マンション暴落の危機」といった記事が載っている。

『風吹きゃ、桶屋が儲かる』ということわざは確か江戸時代のものだと記憶しているが、経済予測はあれと同じだ。

――大風が吹けば土ぼこりが立つ。土ぼこりが目に入れば盲人が増える。当時、盲人は三味線弾きになる者が多かったから、三味線が売れる。三味線が売れれば、三味線に使う猫の皮がいるから、猫が殺される。猫が減ったらネズミが増える。ネズミは丈夫な歯で桶をガリガリ囓るから、桶屋が繁盛して儲かる。以上のことから、「風が吹く＝桶屋が儲かる」は正しい。正しいが、必ずそうなるとは限らないし、ならないことのほうが多い。大風が吹いたあとに予期せぬ要因がさまざま関わってくるからだ。

だから経済や景気予測に意味がないと言っているのではない。ビジネスマンも経営者も、将来を予測して身を処すことに、期待するほどのリターンはないということだ。

たとえば、

「これからのビジネスはＡＩ関連（人工知能）である」

というのは正解だ。

しかし、ビジネスマンの誰もがＡＩ関連でひと旗揚げられるわけではない。日本経済の動向や将来予測に関心を持つのはもちろん大切なことだが、ワケ知り顔の「床屋政談」ならぬ「床屋経談」で終わる人があまりに多いような気がする。

ビジネスで成功する王道を探る

ある経済セミナーで、有名私立大学三年の男子学生が、

「これから有望な職種は何でしょうか」

と、私に質問したことがある。

「鋭い質問だね」

ホメたら嬉しそうな顔をしたが、

「俺が知りたいよ」

と言ったら、笑顔がゆがんだ。

そこで私は、質問した学生にこう言った。

「金融機関はこれまで就職志望のトップだったね。ところが仮想通貨や電子決済など、急速な金融環境の変化で将来性に翳りが見えてきて、スリム化を睨んで人員整理に乗り

出した。学生諸君もこれには戸惑い、金融機関の将来性にクエスチョンマークがついてきた。メガバンクにそんな時代がこようとは、キミは考えたことがあるかね？」

「いえ」

「キミがビジネスマンとして成功したいのなら、有望な職種を探すといった安易なことを考えるのではなく、〝ビジネスの王道〟を歩むことだね。王道が何かと言えば人間関係のこと。職種でも、将来性でも。経済予測でもない。人間関係こそビジネスで成功する王道であり、唯一の道だと思っていい。これは八十余年の半生を振り返ってみて、私は断言する」

学生は小さく首を傾げていたが、時間の関係もあって話題を打ち切った。あとで考えると、もう少し説明しおけばよかったかと思う。

では、なぜ人間関係が〝ビジネスの王道〟であるのか。

国際政治もビジネスも、最後はアナログが勝つ

二〇一八年六月十二日、周知のように、トランプ大統領と金正恩朝鮮労働党委員長がシンガポールで顔を合わせた。私もテレビで見た。トランプは、親子ほど歳が離れた金正恩の手を固く握って、お互い、ニコやかな笑顔だった。

会談の結果については各国メディアはトランプに厳しい評価を下したが、私が握手シーンを見ながら思っていたのは、両トップはなぜ顔を合わせなければならなかったのかということだった。

米朝のテーマはミサイルと核廃棄、北朝鮮の体制保証をめぐるもの。つまり条件交渉なわけだ。となれば、交渉は優秀でタフな現場にまかせ、合意になったところで両トップが署名すれば済むことである。それなのに、条件交渉の段階で、なぜトップ同士が会わなければならないのか。

しかも、金正恩委員長はシンガポール会談に先立ち、わざわざ二回も習近平首席を中国に訪ねている。北朝鮮の後ろ盾になってほしいという要請であることは、習近平も承知している。中国にとっても、北朝鮮の後ろ盾になることは大歓迎。東アジアでの存在感と対米関係において、北朝鮮というカードは絶対に手放したくない。

両者の思惑も利害も一致しているのだから、金正恩がわざわざ出かけて行かなくても、北朝鮮の政府高官を中国に派遣し、向こうのしかるべき要人と話を詰めれば済むこと。

まさか習近平もヤクザじゃあるまいし、

「代理を寄こすとは何事だ」

と怒りはしまい。

それなのに金正恩は自ら出向いて会いに行った。二回も。これによって習近平は間違いなく気をよくしたと思う。

「金正恩のヤツ、なかなか可愛いところがあるじゃないか」

と側近に言ったかどうかは知らないが、人間の感情とはそうしたものであることは、丁稚奉公から身を起こした私がいちばんよく知っている。

クルマを買うときのことを考えてみればわかる。値引きという数字だけで商談がまとまるなら、営業マンは不要。パソコンで値段のやりとりをすれば済む。安い買い物ならそれでもいいだろうが、クルマはン百万円もする。だから客と面談し、人柄を売り込み、数字だけでなく、

「この人から買おう」

と相手をその気にさせるかどうか、ここが営業マンの腕になる。

もし金正恩が中国へ行くのを面倒がり、

「お互い利害が一致しているのだから、わざわざ俺が会いに行かなくてもいいや」

とドライに構えていたら、習近平の金正恩に対する感情は、また違ったものになっていたはずである。


一方、拉致問題を抱える日本も、金正恩と同じことをした。

シンガポール会談に先立ち、安倍総理はカナダで開かれたサミットで、トランプ大統領と膝をつき合わせている。拉致問題については、それに先立つ訪米で、安倍総理は話をしてある。シンガポール会談で金正恩に提起するとトランプも約束し、メディアに公言もした。

それでも安倍総理は、カナダでトランプに会って念を押した。わざわざ顔を会わせ、二度までもお願いをするということが、トランプの心を動かすことを安倍総理はわかっていたのだろうと思う。人を動かすのは感情であり、感情は理性に大きく影響する。世界が注目した歴史的なトップ会談も、舞台裏を覗けば、人間関係という感情が大きく介在していることがわかるだろう。

そして、トランプ大統領と金委員長は笑みを浮かべて握手した。交渉が「条件闘争」である以上、笑顔だろうが仏頂面だろうが関係しないはずだが、そうはならないところに人間関係の面白さがある。

これからはＡＩ（人工知能）の時代だと言われるが、ＡＩに読み込ませるビッグデータに、「笑顔」という一語を入れるかどうかで、導き出す結果は大きく違ってくるだろう。ＩＴというデジタル時代でありながら、国際政治もビジネスも、人間関係というアナログで動いているのだ。

時代を制するものは「人間関係」だと忘れるな

ＡＩといえば、将棋の棋士と対戦して勝利し、ＡＩ時代の到来を印象づけた。ビッグデータをＡＩに学習させることで、人間の仕事がＡＩに取って替わられることが現実として語られるようになった。クルマの自動運転化によって、タクシー運転手という職業はいずれなくなるだろうと言われる。銀行の融資審査もＡＩが可否を判断するようになり、担当者は不要になるとされる。廃れる職種一覧が週刊誌をにぎわすなど、急激な社会変化に戸惑いを覚えるのではないだろうか。

私もスマホを使用しており、ちっちゃなスマホ一台に地球がそっくりデータとして納まっていると言ってもいいだろう。だが、時代を制するのはデジタルではなく、アナログなのである。

たとえば、ＡＩ。

棋士に勝利するとはたいしたものだ。だけど私に言わせれば、ＡＩが勝ったのではない。ＡＩを使って開発した人間が棋士に勝ったのである。クルマの自動運転もそうだ。人間がいて、あそこに行きたい、ここに行きたいという目的があって初めて意味を持つ。つまり人間を離れては、自動運転も存在意義はないということ。どんな高性能のパソコンだって、そうだ。人間が使用しなければ何の意味もない。

つまり、国際政治もビジネスもすべて、成否は「人間」に帰着するということなのだ。

このことに気づけば、〝ビジネスの王道〟が「人間関係」にあると言う意味がわかっていただけるのではないだろうか。

では、人間関係とは何か。信用が大事であることは当然として、私が常々言っているのは、人を喜ばせることだと思う。人のために骨身を惜しまない。汚れ仕事や面倒な仕事は率先して引き受ける。「人が先、我は後」の精神で接する。道徳の授業のようなことを言ってるのではない。一見、損に見えることが、ものすごく得をしているということなのだ。

「どうすれば人が喜んでくれるか」

という人間関係術の知恵が体験として身につき、これが一生の財産になる。人を喜ばせることができれば、人生は確実に開けていく。丁稚奉公から身を起こし、「世界第六位の富豪」になったのは運が大きく作用しているが、その運を引き寄せたのは人間関係であり、「どうすれば人が喜んでくれるか」ということだけを考えて仕事をしてきた結果だと思っている。

いま愛くるしいロボット犬が、熟年世代の癒やしとして注目を集めている。開発の方向性は、「いかに本物の犬に近づけ、〝飼い主〟を喜ばせるか」ということにある。最先端技術を用いて、「本物の犬」という、もっとも古いものを目指している。このことに留意すべきだろうと、私は思っている。

人間は結局、「感情の生き物」だ。有能だが虫の好かない人間は、パソコンと同じように〝道具〟として使う。新型が出たらポイ捨てする。反対に能力は並だが、「あいつ、いいヤツ」と気に入った人間は、引き立ててやりたくなる。これは時代を超えた普遍の人間関係術だと私は確信する。

もし、諸君がＩＴ関連で先端を走っているなら、走り続ければよい。そうでなければ、〝逆張り〟も一興だと思う。『人の行く裏に道あり花の山』というのはよく知られた相場格言だが、ＡＩというデジタル時代だからこそ〝逆張り〟し、人間関係というアナログで挑む。これもまた、成功ノウハウなのだ。

2

詐欺師が真顔でウソをつく

政治家の劣化が続いている悲劇

二〇一八年六月、政府・与党は経済財政諮問会議で「経済財政運営と改革基本方針二〇一八年」を取りまとめた。いわゆる「骨太の方針2018」で、安倍内閣は「新・三本の矢」と称して自画自讃しているが、これにともない財政健全化の目標を五年先送りにして二〇二五年とした。

「借金返済は棚上げにして、まず稼ぐこと。そうしないと、借金は返済できない」

という〝居直りの論法〟だ。

本当に稼げるのかどうか保証はない。机上の、もっともうまくいった場合を想定しての五年先送りだから、「現実的ではない」と一斉に批判を浴びた。ひらたく言えば詭弁。安倍総理には悪いけれど、私に言わせれば「詐欺師が真顔でウソをついている」ということになる。

では、なぜ政治家が真顔でウソをつくのか。

「批難はされても責任は問われないから」

この一言につきる。

企業を考えてみればわかる。経営陣が株主に損害を与えたらどうなるか。責任を厳しく追及され、私財をなげうって弁済を求められる。丸裸だ。バブルが弾けた当時、長期信用金庫は不良債権が積み重なって経営破綻したが、このときRCC（整理回収機構）から道義的な責任を追及された杉浦敏介頭取は、自宅を売って弁済に充てた。本当に気の毒だった。

いまも追及が続く森友問題で、安倍総理はいみじくも「私や妻が関わっていたら総理も政治家も辞める」と言った。メディアは問題にしないが、「責任＝辞任」といった程度の認識しかないところに問題の本質が隠れている。

「関わっていたら全財産を処分して全額弁済します」

「腹を切ります」

「刑務所にも入ります」

と言い切ってこそ、「責任を取る」になる。政治家の辞任は結局、矢面からの逃げにすぎないと私は思っている。

企業の経営者は辞任では済まされないし、辞任しても株主から訴訟を起こされ、弁済を求められ、財産の一切を放棄して丸裸になる。国の〝株主〟が国民であるなら、閣僚は国の経営陣。辞任程度では済まされまい。政治家の劣化が叫ばれて久しいが、その原因は実質的な意味で「責任を取らない」にある。

これは洋の東西を問わない。アメリカのトランプ大統領は気まぐれな言動で世界中を引っかき回しているが、次の大統領選挙で落ちればケツを拭くのは新大統領と国民であって、当のトランプは、

「あの時点においてはベストの選択だった」

と、涼しい顔でツイートすることだろう。

'90年のバブルが弾けた原因をいま一度、思い起こす

一九九〇年代のバブル崩壊による平成不況によって、国民はリストラの嵐に見舞われ、人生を狂わされた人は少なくない。不況は二十余年の長きにわたっていまも尾を引いているが、その原因はひとえに政府・日銀の失策にある。誰が何と言おうと、「バブルの

チャンピオン」として渦中の真っ直中にいた私は、このことを断言する。

ミッチーの愛称で呼ばれた故渡辺美智雄氏と私が親しかったことは既に触れたが、バブル崩壊について栃木訛りで私にこう言って嘆いた。

「三重野、宮澤、橋本が三悪人だな」

地価高騰に冷水を浴びせ、日本経済の火を消したのは三重野康元日銀総裁、宮澤喜一元総理大臣、橋本龍太郎元総理大臣の三人だと言い切った。亡くなる少し前のことだから、渡辺さんも自民党の重鎮として忸怩たる思いがあるだろう。

渡辺さんは当時、私が所有していた栃木・喜連川カントリー倶楽部（現さくら市）の名誉理事長をお願いしていたこともあり、病気で不自由になった身体をおして温泉によく入りに来てくれていた。私が入浴を手伝い、一緒に湯船に浸かりながら、バブルの後始末の是非について、よく話をした。

平成不況という長いトンネルをくぐるなかで、バブルが弾けた原因は既に記憶の彼方になってきたが、歴史の教訓として、いま一度、思い起こしておきたい。

バブル当時、狂乱とまで呼ばれた地価高騰で、庶民にとってマイホームの取得は夢のまた夢になっていた。これはあきらかに政府の経済政策の失敗なのだが、メディアは土地で儲けた人間を「ワル」として煽ることで、庶民に迎合した。

庶民の怨嗟を背景に、政府は先に記したように不動産融資の総量規制を行い、日銀は公定歩合（現在の政策金利）を二・五パーセントから六・五パーセントに引き上げることで地価抑制に動く。日銀の三重野総裁は正義の味方になった。メディアは「平成の鬼平」として持ち上げた。鬼平は池波正太郎氏の『鬼平犯科帳』で知られるように、「火つけ盗賊改め」の長谷川平蔵のこと。土地で儲ける人間が「火つけ盗賊」で、それを退治する「鬼平」が三重野総裁。当然ながら人気が出た。

こうなれば政府も人気取りで世論に迎合する。地価税を創設し、不動産業をヤリ玉にあげる。短期の譲渡益が、法人税を含めると九十パーセント以上が税金になるのだから、いま思えばどうかしている。さらに土地保有税を地価税として課税し、空土地にまで地価税の網をかけた。

メガトン級の冷水を浴びせた政府に渡辺ミッチーは、こう警告した。

「地価は自然に下がるのを待つのが本当に正しいやり方だ」

「国民の財産に地価税をかけるなどして無理に地価を下げると、必ずシワ寄せが起こる」

結果は警告どおり。土地が動かなくなり、地価は急落。これに庶民は喜んだが、急激な地価下落は決して朗報でなかったことにたちまち気がつくことになる。

金融機関が悲鳴をあげた。不動産担保で融資していた不動産物件が担保割れになる。融資先の企業は連鎖的に倒産していく。金融機関の経営が傾き、北海道経済を支えてきた北海道拓殖銀行、長期信用銀行、そして住宅金融専門会社七社のうち六社が破綻する。

一千百兆円という気の遠くなるような借金のツケの責任

打つ手はあった。

少なくとも、渡辺ミッチーには、それがわかっていた。

渡辺さんは宮澤内閣で副総理兼外務大臣で、中国から帰国した直後、喜連川カントリー倶楽部にやって来ると、真剣な顔でこう言った。

「大変だよ。帰国するとき、羽田空港の上空を三回も旋回したんだけど、上から見ると、羽田周辺の中小の町工場が集まっているあたりが真っ暗なんだよ」

町工場が集まっているあたりとは大田区の製造業が密集している地域をさす。「モノづくり日本」を象徴する一帯が倒産して真っ暗になっているということは、日本製造業が危機に直面しているということでもある。

「だからすぐ総理官邸にすっ飛んで行って、早く何とかしないと大変なことになるぞってケツを叩いた。そしたら宮澤は〝ミッちゃん、そりゃ大変だ。何でもやろう〟と言いはしたけど……。だけど、何もやらんだろうな」

嘆くので、私は率直に言った。

「宮澤総理が何にもやらないんだったら、副総理の渡辺さんから日銀総裁に直接話せばいいじゃないですか」

すると渡辺さんは歯ぎしりして、

「日銀の政策は独立性が担保されているからな。俺が口をはさむわけにはいかないんだ。日銀総裁と話ができるのは総理だけ。だから俺は宮澤に〝カネをゆるめなくちゃだめだ〟と言ったんだ」

でも、何もやらんだろう——と何度も繰り返し言っていた。

渡辺さんが言ったとおり、宮澤内閣は手をこまねくばかりで有効な手が打てなかったことは、歴史が証明するとおりだ。

経済通として自他ともに求める宮澤喜一ですら、こうなのだ。これを責任感の欠如と考えるか、決断のなさと考えるかは人それぞれとしても、日本経済を平成不況に突き落とした失政の責任は、結局、誰一人として取らなかった。

「政策の失敗は腹を切って国民に詫びる」

という気概が政治家には欠けている。選挙演説で何を語ろうとも、国民がシラケるのは当然だろう。

周知のように、いま日本は一千百兆円という気の遠くなるように借金を抱えている。財政健全化は喫緊の課題であるにもかかわらず、歴代政権は先延ばしにし、このたびの『骨太の方針』で、安倍総理は健全化達成の目途をさらに五年延ばした。

延ばすのはいい。それしか方法がないというのであれば、国民の理解を求め、お願いするしかないだろう。だが、五年先延ばしにして達成できないときは、どう責任をとるつもりなのか。五年後となれば、安倍総理は総理ではなくなっている。責任を取る〝当事者〟はいない。あとは野となれ山となれ――。トランプ大統領と似ている。二人はだからウマがあうのかもしれない。

日本国をダメにした戦犯三悪人

私は常々、政治家は大型客船の乗組員で、国民は乗船客であると思っている。税金という名の船賃を払って、私たち乗船客はクルージングを楽しむ。総理が船長、その下に閣僚という名の航海士や機関長がいて船を進める。公務員は乗客が快適な船旅を送るための世話係りといったところだ。

船長である総理は「日本丸」を無事に航海させる全責任を負っている。土地高騰のバブル期は、航海にたとえれば、海流が作用してスピードがつきすぎた状態ということになるだろう。減速しなければならない。エンジンの出力を落とせば船は次第に減速していくのは誰だってわかる。

ところが、三重野元日銀総裁、宮澤元総理など航海担当者たちは、こう考えた。

「徐々に出力を落としていくのでは時間がかかるので、いったんエンジンを切ってしまおう。そうすれば船はたちまち減速するから、頃合いを見て再びエンジンを再び始動させ、少しずつスピードを上げていけばいい」

事実、先に紹介した自民党税制調査会会長だった野田毅さんは、

「土地の価格をいったん半分にまで抑えて沈静化させておいて、その後は毎年五パーセントずつ上げていって景気を回復するんです」

と私に言った。まさにエンジンを一時停止し、再稼働させるという手法である。

だが、私はクルージングで海釣りをやるのでよくわかっているが、船は微速前進であっても、推進力によって安定を保っている。台風に見舞われても、横波を受けないように操船し、舳先を波のうねりに向ければ転覆はしない。

ところがエンジンを切ってしまったらどうか。操船は不可能になる。波間に漂い、場合によっては横波をまとも受けて転覆してしまう。「バブル退治」と称して、先の「三悪人」はエンジンのスイッチを切ってしまったということになる。

渡辺ミッチーは栃木の人間。私は東京の下町生まれだが、戦災で両親を亡くし、栃木で育った。栃木は機織《はたお》りが盛んなので、渡辺さんは政府の方針――「地価を半分に下げ、それから毎年五パーセントずつ上げて景気をよくする」という手法について、機織りを例に引いて、こう言った。

「世のなかというのは機織りの機械と同じで、『座』という歯車が回ることで動いている。『座』で人間社会が全部につながっている。だから不動産という『座』だけ外して強引に土地の値段を下げたら、ほかの『座』も回らなくなって大変なことになってしまう」

渡辺さんの言ったとおりだ。日本経済という機織りは回らなくなり、やがて国の借金は国内総生産（ＧＤＰ）の実に二倍、一千兆円を超えるのである。

渡辺さんは繰り返し、「金融規制、総量規制を外し、金融緩和をしろ」と言い続けながら鬼籍に入ってしまう。

「上がったら次は自然に下がる。土地だけ無理やり下げてもダメなんだ。今後、何十年経っても景気はよくならない。よーく覚えておけよ。三重野康、宮澤喜一、橋本龍太郎の三人は、強引に地価を下げて国をダメにした三悪人だよ。あいつらは経済を知らないんだ」

渡辺さんはそう言ったが、私は彼らが経済を知らないとは思わない。強引な金融引き締めは誤算であり、それに対して有効な手を打たなかったのは決断力の欠如――すなわち「腹を切る覚悟」のなさであり、これが「政治家の劣化」として現在に続いていると、私は考えるのだ。

〝日本丸〟を操船する責務を負う国会議員はいない

国会議員の仕事とは何だろうか。

私はこれまで多くの政治家と付き合ってきた。役所への口ききや、許認可を取る際に重宝したが、本来、何を仕事としているのか、恥ずかしながら実はよくわかっていないことに気がついた。

調べてみると、国会議員の仕事は大きく三つ。

一、法律を作る。

一、予算を決定する。

一、内閣総理大臣を選ぶ。

国民が生活しやすいようにするためさまざまな法律を整備・改訂し、日本経済の発展のための政策立案、それに伴う予算の決定、さらに最高責任者の総理を選ぶといったことなど、まさに〝日本丸〟を操船する重要な責務を負っている。

だが現実を見ると、天下国家の仕事よりも選挙対策に忙しく、陳情の対応や選挙区内の各種会合に精を出している。資金集めにも励む。天下国家を論じ、奔走するのが本来の責務であるとしても、地元の支持や後援者のバックアップがなければ、政治家でいることはできない。サルは木から落ちてもサルのままだが、政治家は落選すればただの人になってしまう。世間はハナも引っかけまい。だから地元のため——すなわち陳情をどう処理してみせるか、ここが政治家の正念場となる。

こう考えると、陳情と政治力はセットになっていることがおわりいただけるだろう。「陳情処理」が政治家の生命線である以上、清廉潔白でいれば確実に議席を失う。だから大なり小なり叩けばホコリが出てくるのは当然で、長年、政治家と親しくお付き合いしてきた私の率直な感想である。

雑誌記者が「森友問題」「加計問題」を契機に、政治力について取材に来たことがある。「モリカケ問題」に安倍総理が関わったかどうかは別として、陳情と政治力はセットになっているという意味で、私は次のような経験談を披露した。

〝民主主義〟とは、役人に忖度させる力を政治家に期待して、一票を投じることを言う

ずいぶん前の話だが、大阪に会社を持つ知人が大阪証券取引所に上場を申請したときのことだ。大蔵省（当時）が取り合ってくれず、そうこうしているうちに七年が過ぎてしまい、思い余った知人は、私に相談するため上京して来た。

経緯を聞いたが、これは無理と判断し、

「わかった。一億円の献金ができるかい？」

と問うと、

「大丈夫です」

という返事。

何とかなると私は判断し、親しくしていた大物大臣のところに相談に行くと、彼はそ

の場で大蔵省（当時）のしかるべき立場の人間に電話をし、状況を手短に説明した。

「上場の件、頼む」

とは決して言わない。

「あれ、いい会社なんだよな」

と、独り言のように告げて電話を切った。


この一言がどう影響したのか、私にはわからないが、その夜、件《くだん》の社長と銀座で飲みながら、大物大臣に会ったことを話していると、大阪の本社から至急の連絡が入った。

「大蔵省から電話がありました。上場が決まったので明日、関係資料を取りにうかがいたいと言っています。どうしますか？」

七年間も門前払いにされていた上場申請が政治家の電話一本、それもその日のうちに解決したのである。しかも、向こうから書類を取りに来るという。上場の審査も手続きも終わっていないにもかかわらず、大蔵省のこの対応には、さすがの私も「政治家の力」というものをまざまざと見せつけられた思いがしたものだった。

これが政治の実相である。

政治家と官僚、ウィン・ウィンの関係

「政治力」の象徴は田中角栄さんである。このことに意を唱える人はいないだろう。一九九三年に亡くなって既に二十五年が過ぎたが、「もし角栄さんが生きていたら」という待望論は根強い。不況の深刻化、財政赤字、少子高齢社会、複雑化する国際関係など、閉塞感の漂う現状に対して、角栄さんなら突破口を開いてくれるのではないかという期待感であり、リーダー不在の裏返しでもある。

周知のように角栄さんは大胆なビジョン、緻密な計算、そして実行力から「コンピュータ付きブルトーザ」と呼ばれた。

二〇一一年三月十一日におこった東日本大震災の復旧に関して、当時、東京都知事だった石原慎太郎は、こんなコメントを残している。

「角さんだったら、柏の森あたり一帯に、十万人規模の被災者を受け入れる新しい町や村を即座に作っただろう。そういう発想ができる唯一の人だった」

国難に直面するたびに、

「田中角栄ならどうするだろうか」

という〝角栄待望論〟が沸きおこる。決断と実行力と発想のスケールにおいて、角栄が不世出の政治家であったことに異論をはさむ人はいまい。

だが、角栄さんを角栄さんたらしめたパワーの源泉は、官僚たちである。官僚たちが角栄さんの思惑を忖度《そんたく》し、阿吽の呼吸で協力したから、彼はブルトーザになれたのだ。

政治家として事を成そうと思ったら、官僚をうまく使うしかない。政治家をビジョンを描く頭脳としたら、官僚はそれを実現するための優秀な手足だ。だから昔の大物政治家は官僚に小遣いをやって手なずけ、人間的な魅力で殺し、忖度させ、そして意のままに動かした。

これは角栄さんだけではない。私は盆暮れになると、大物大臣に要望され、当時のカネで四千万円を包んでいた。それをあの人は百万円、この人は二百万円と包みに小分けにしていた。

「先生、これ誰にやるの？」

と訊いたら、

「役人だよ」

こともなげに言ったものだ。

政治とは、複雑に絡み合った利害を調整することだ。都市開発を推進すれば自然擁護派とぶつかる。バイパス一本通すのだって、そう簡単にはいかない。誰かが儲かれば誰かが損をする。ウィン・ウィンの関係が成り立つのはバブルのときだけであって、資本主義社会はプラスとマイナスを足してゼロになる「ゼロ・サム」である。だからプラスとマイナスがせめぎ合う。これを利害の対立と言い、どこがで線引きをし、落としどころを探るのが政治の役割になる。

だから裏で話もする。表に出せないカネもときに必要にもなるだろう。本音と建て前があるから人間社会の秩序は保たれている。このことを忘れて「オープンな場で議論しましょう」と主張する人間は、人間社会を知らないか、話を壊そうという意図があってのことだ。表での話し合いとなれば建て前を押すしかなく、話は平行線になる。クリーンな政治も結構だが、重箱の隅は必ず汚れているものだ。重箱の隅を突っついてばかりいたのでは政治は前に進まず、空回りする。〝ツノをためて牛を殺す〟ということになってしまえば、結局、国民が損をするのだ。

このときカネを用立てたのは私ではあるが、表向きは〝大臣のポケットマネー〟である。決して筋の悪いカネではない。渡す現場は見たわけではないが、親分肌の大臣のことだから、何かをしてくれと頼むこともないだろう。頑張ってくれているから、それに少しでも応えたいと、角栄さんと同じことをしているだけだ。忖度するかどうかは、相手の問題である。

「俺だけど、局長いる？　いない。じゃ、電話くれるように言ってよ」

それだけ言って電話を切れば、ものの二、三分で局長がかけてくる。だから角栄さんも彼も政治家として仕事ができた。

「モリカケ問題」は安倍総理に対する官僚の忖度が問われているわけだが、角栄さんほど忖度された政治家はいない。それなのに角栄さんは尊敬され、待望論が根強くある。この違いはどこからくるのか。その違いの答えが、政治家としての評価でもある。

一度だけ会った田中角栄から教えられたこと

実は、私は田中角栄さんとは一度しか会っていない。「バブルのチャンピオン」と呼ばれた私だから、〝金権政治〟と批判された角栄さんと仲がいいように思われているが、不思議と角栄さんと私は接点がないままでいた。小佐野賢治さんとは親しくさせていただいていたし、小佐野さんと角栄さんは〝刎頸《ふんけい》の友〟。引き合わせてもらう機会はいくらでもあったはずだが、なぜかすれ違ってばかりいた。

八〇年代後半、私がハワイのホテルを次々に買収していたころのことだ。いまも親しくさせていただいているが、自民党の笹川堯さんとはよくハワイに一緒してゴルフを楽しんでいた。

あるとき、笹川さんが妙齢の女性をハワイのゴルフ場に連れてきた。なかなかの美人で、言葉に飾り気がなく、さっぱりとした気性がうかがえた。彼女が佐藤昭さん（のち昭子）だった。角栄さんの「金庫番」とも「越山会の女王」とも呼ばれていることは私も承知している。当時、自民党の最大派閥だった木曜クラブ（田中派）の中堅議員たち

――のちに総理となる橋本龍太郎氏、小渕恵三氏、羽田孜氏、そして総理にはなれなかったが〝田中派のプリンス〟と呼ばれた小沢一郎氏たちから「ママ」と呼ばれ、慕われていることも、もちろん知っている。

角栄さんは当時、「ロッキード事件」の被告で裁判中の身とあって、政治の表舞台からは引っ込んでいたが、目白に私邸があったことから「目白の闇将軍」と呼ばれ、政界に睨みをきかせていた。ハワイで佐藤昭さんと会ったのも何かの縁だろうと思い、彼女を交えてマウイ島のコースを回りながら、

「実は、田中さんとは、まだお会いしたことがないんですよ」

と言うと、

「わかったわ。話しておきます」

それだけの短い会話だったが、帰国するや、角栄さんの秘書がウチの会社にすっ飛んできて、

「渡辺さん、ウチのオヤジに会ってください」

と言った。

佐藤昭さんは社交辞令でなく、すぐに約束を果たしてくれた。田中派の議員たちが「ママ」と言って慕う理由がわかるような気がしたことを覚えている。

私はすぐに目白の田中邸にうかがった。池のある大きな中庭から上がって長い廊下を歩き、応接室に通されると角栄さんが、ソファーにどっかりと座っていた。存在感とはこういうことをいうのだろう。不動の岩が座っているような雰囲気だった。

初対面の挨拶を済ませてから、

「小佐野賢治さん、渡辺美智雄さんと親しくさせてもらっています」

と言うと、

「小佐野君と仲がいいのか」

と感心したように言ってから、渡辺ミッチーについては、

「俺の子分だ。俺が面倒みている」

と言った独特のダミ声はいまも耳朶に残っている。

角栄さんは足が冷えて調子が悪いと聞いていたので、私の友人で、西武ライオンズの監督だった広岡達朗さんと考案したゲルマニウム温浴器をお土産に持参した。角栄さん

はとても喜んでくれ、帰り際、

「あんた、なかなかいい奴だな。困ったことがあったら、いつでもこいよ」

と気さくな口調で言ってくれた。

いずれ商売の話でもさせてもらおうと意を強くしたが、お目にかかった直後——一九八五年二月、田中派の竹下登さんが「創政会」を発足させる。激怒した角栄さんは酒量が増え、やがて脳梗塞で倒れてしまうのは周知のとおりだ。

ネット社会が政治をダメにした

近年の政治家は小者になったと言われる。

その理由として、私は大きく二つの原因があると思っている。

一つは、ネット社会によって誰もが匿名で、自由に、好きなことを発信できるようになったことだ。

「なんで加計学園だけ優遇するんだ！」

「財務省は解体しろ」

「安倍、辞めろ！」

「麻生、辞めろ！」

SNSが国民感情を煽り、世論を形成し、野党がこれに乗っかって政府を攻めるという現代世論の図式においては、政治家の評価はかつての角栄さんのように「加点法」ではなく、「減点法」になった。政治家としてどんなに有能であろうとも、ちょっとしたセクハラ、パワハラで一発アウトになってしまう。

人格高潔であることに越したことはないが、政治家の使命は国民の安全と財産を守ることであり、私たちが政治家に求めるのは、政治家としての能力である。大工に求めるのは技術であり、医者に求めるのは患者の病気を治す能力だ。人格は高潔だがクギ一本満足に打てない大工、的確な診断ができない医者、そして国を発展させられない政治家は失格どころか、犯罪ですらある。

だが、SNSを背景とする「減点法」で評価される政治家は、「何かをする」から「何もしない」になっていく。ミスを犯さないよう、足元をすくわれないよう、安全な道を踏みしめて歩くようになった。縮小均衡によって政治家はどんどん小粒になり、サラリーマン化していく。政治家が働かない社会はもちろん、働けない社会もまた、国民を不幸にする。政治家がサラリーマン化していくのは、政治家だけの責任ではないことに、私たちも考える必要があるのではないだろうか。

かつて国会議員には「国会議員互助年金」という議員年金制度があった。受給資格は在職十年で、在職時掛金の年間掛金が百二十六万六千円で、受給額は最低で年四百十二万円（在職年数十年）。六十五歳から支給され、生涯に渡って受け取ることができた。三年で掛け金の元が取れる。民間にくらべてあまりに恵まれすぎていると批判を浴び、小泉政権時代の二〇〇六年に廃止になった。

それがここへきて、復活論が浮上してきた。

「政治家としての矜持《きょうじ》はないのか！」

角栄さんが生きていれば激怒することだろう。

かつて教師は「聖職」と呼ばれて尊敬された。戦後、労働運動の高まりで、日教組は「教師も労働者である」として権利獲得のためストを打った。権利獲得は結構なことだが、教師は自らの手によって「聖職」を「一介の労働者」に引き落としたのである。政治家が年金を主張するのはそれと同じ構造で、「自分たちはサラリーマンだ」と認めているように私には見えるのである。

いまさらながらリーダーシップの欠如がこの国の不幸

政治家が小者になったもう一つの理由は、長すぎた不況である。好景気のときは目が外へ向いているので、お互いが足を引っ張ることはしない。ヨーイドンの百メートル競走のようなもので、人の足を引っ張っているヒマはない。我先に全力疾走である。これがバブル時代の日本である。

ところがバブルが弾け、日本経済が一気に失速するやゴールが見えなくなった。ゴールが見えなければスピードを落とす。前を行く人間を追い越すのではなく、足を引っ張って自分の後ろに追いやろうとする。つまり、意識が内向きになってしまい、お互いが批難の応酬をするようになっていく。

三木武吉は一九五五年、保守合同によって現在の自民党を作った立役者だが、選挙中の立会演説会で、対立候補から「妾を四人も持っている」と攻撃され、武吉はこれを受けて、こう言い放った。

「私には妾が四人あると申されたが、事実は五人であります。ただし五人の女性たちは今日ではいずれも老来廃馬と相成り、役には立ちませぬ。が、これを捨て去るごとき不人情は、三木武吉にはできませんから、みな今日も養っております」

この切り返しに聴衆は爆笑し、拍手を送った。

いまなら大スキャンダルである。時代が違うといえばそのとおりだろう。だが「時代の違い」が何かといえば、経済発展の途上にあるときは倫理に寛容で、奈落に落ちるときは批判が内に向かうという人間心理なのである。

バブル絶頂期、私と金融機関は手を携えて驀進していた。融資にしても細かいことはお互いに言わず、

「たのむよ」

「いいよ」

阿吽の呼吸で話は通じた。

ところが一転、バブルが弾けるや、相棒が資金回収をあせって私に牙を剥いた。この

ことはあとで紹介するが、人間も組織もいったん目が内に向くと責任を押し付け合い、〝魔女狩り〟を始める。国民と政治家の関係も同じだ。平成不況に陥った二十余年間によって、内に向いた国民は、政治家のちょっとした瑕疵《かし》さえも厳しく追及するようになった。これが日本にとって幸福なことなのかどうか、今一度、考えてみる必要があるのではないだろうか。

いま世界で言動が注視されているのは、トランプ大統領だ。忖度とは無縁の男で、世界を相手に朝令暮改《ちょうれいぼかい》のやりたい放題である。発言はその都度ブレまくるが、

「ブレるということにおいて、私はブレない」

というのがトランプのスタンスで、そういう意味においてまさにブレはまったくない。コアなトランプ支持者がいるのは、下流階級を中心とする白人層で、彼らの不満のハケ口になっていると分析されるが、人気の本質は歯に衣着せぬ発言――「ブレるということにおいてブレない」にあると私は思っている。「私には妾が四人あると申されたが、事実は五人であります」と居直って通用するのは、世界のトップ指導者のなかで唯一、トランプ大統領だけだろう。

独裁国家の中国や北朝鮮ならいざしらず、民主主義の総本山を自認するアメリカで見せるこの独善的存在感は、リーダーの資質とは何かを私たちに教えてくれる。語弊を承知でいえば、たかだか「モリカケ問題」をめぐる〝忖度の有無〟で足を引っ張られるような総理では、日本の将来が心配になってくる。問題の本質は官僚の忖度にあるのではない。「忖度させて何が悪い」と居直るだけの度胸と、資質と、リーダーシップの欠如が、この国の不幸だろうと思うのである。

なぜ貧富の差が拡大していくのか

日本経済は東京オリンピックを控えて好景気に沸いている。企業は増収増益で、一部の恵まれた大企業の従業員だけとはいえ、その恩恵に浴している。バブルが終わったかどうかは別として、数字から見れば景気はいい。

だが、国民の大多数に好景気の実感はない。

「同一労働は同一賃金でなければならない」

と、最高裁判所は非正規労働者に対して朗報の判例を示したが、労働環境という総体において、正規と非正規は厳然と格差がある。試しに多額のローンを銀行に申し込んでみればすぐわかる。非正規社員は、正規社員との格差を実感するだろう。カネ余りと言いながら、中小企業には貸さない。景気がどうあれ、格差社会の進展は疑いようのない事実であり、数字と実態とのギャップはいったい何を物語り、これに私たちはどう対処していけばいいのか。

先ごろ、子供の虫歯が問題になった。親の貧困で、虫歯の治療を受けられない子供たちが急増しているという。世界有数の経済大国のこれが現状となれば、富の偏在は資本主義の常としても、いささか考えさせられる。バブル時代を享受した私が言うのも口幅ったいことだが、日本の政治の行く末を危惧する。「政治」が悪いのではない。「政治家」が悪いのである。

安倍総理は二言目には「女性が輝く社会」ということを口にする。女を憎からず思う私にしてみれば、女性が輝くのは結構なことだと思う。だけど、実態はどうか。

会社にある私の部屋はサロンのようなもので、いろんな人が打ち合わせやら雑談やらにやってくる。経済状況については株価と地価を話題にすれば動向はすぐにわかる。マル秘情報も耳打ちしてくれるが、経済状況についてもう一つ大事な手がかりは、女性の生活ぶりである。これで現実がわかる。

「若いコでどのくらい稼いでいるの？」

雑誌記者に訊いてみる。

「十七、八万円ですね」

「家賃七、八万円を払えば、手もとに残るのは十万円か。実家から通っているコはそれでもいいだろうけど、一人住まいだと厳しいね。安倍総理の言うように、輝こうと思ったら〝パパ活〟するしかないじゃない」

「やってますよ。出会い系サイトは花盛り。IT時代の恩恵でしょう」

記者は笑うが、子育てが一段落した主婦も結構そのテで頑張っているそうだ。家計の足しにとパートで働きに出る。時給が千円程度。いくらにもならない。不倫の垣根が低くなったいま、趣味と実益を兼ねて——ということらしい。

「札ビラで主婦を口説けば、かなりの確率で落ちますよ」

というのは、あながちヨタ話とはいえないところに、日本経済の現状があると言っていいのではないだろうか。

かつて、景気の動向は銀座クラブに行けばわかった。一流会社のビジネスマンでにぎわっているときは堅調な好景気。バブル期は不動産関係者や、グレーゾーンというのか職種のハッキリしない人が多かった。土地を売った〝にわか成金〟のオッサンも少なくなかったものだ。余談になるが、銀座クラブでは、新しいコが入ったら、女好きでカネのある常連客に電話する。

「いいコが入りましたよ。まだ二十二歳ですが、全然いいコ子です」

こんな具合だ。

カネを手っ取り早く稼ぐのは水商売がいちばんだ。それも銀座。だから女のコだって、みんながみんなそうだとは言わないが、それを承知で銀座村に入ってきているから、〝初モノ〟は早い者勝ち。いつ、どこの店に新しいコが入ってきたか、情報戦である。店も上客から巡に情報を流すから、客は足繁く通うことになる。

私もそれなりに銀座に通った。だけど七十二歳を過ぎて足が遠のいた。卒業だ。いまはまったく行かない。理由は年齢。厚労省によると、健康寿命は七十二歳だそうだが、これは当たっている。〝銀座のボス〟も言っていたが、七十二歳を過ぎると〝攻撃〟ができなくなる。自分で女のコを追っかけてパンツ脱ぐということが億劫になる。いまはゴルフとウォーキング、マッサージ、あとは食事を楽しんでいる――というのは余計な話だが、銀座も儲かる店とそうでない店の差が激しくなっていると聞く。儲かっている店は、女のコ三十人くらいで一日に八百万円を売り上げると〝銀座のボス〟が言っていた。好景気は結局、国民の生活のすべての分野において、格差社会をますます増大しているということになるだろう。

かつて高度経済成長期は国民の誰もが恩恵に浴した。努力が成果に直結した。しかしいまの時代は、たとえバブルの好景気であろうともそうはならなず、貧富の差は拡大するばかり。「女性が輝く社会」というフレーズが空虚に聞こえるのは、私だけだろうか。

3

東京への一極集中は加速するばかりだ

小佐野賢治が譲ってくれたもの

地方の町は、雪が降ったら役所の人間が民家の雪下ろしをやっている。若い者は都会に出て行ってしまって、この土地に住んでいるのは年寄り世帯ばかりだから、役所が雪下ろしをしなければどうにもならない。このニュースを見たときに、地方の凋落はくるところまできたという感想を持った。私のカミさんは新潟の田舎町の出身だが、人口は最盛期の半分以下。ひょっとしたら三割程度かもしれないと聞いている。

少子高齢社会で、地方は過疎化してしまった。カミさんの出身地に限らず、先祖から受け継いだ土地を子供に残そうとして頑張ってきた結果がこれだ。固定資産税もかかるし、子供は土地を残されても迷惑だ。

私が栃木県・喜連川に喜連川カントリー倶楽部を作ったとき、土地単価は一反（三百坪）二百万円〜三百万円という高騰ぶりだった。温泉も掘って引いた。豪華なクラブハウス、ホテルは露天風呂とプールがついたもので、総額二百五十億円の費用をかけた。

フラットなコースで、栃木県でもトップクラスのゴルフ場だった。

実はこのゴルフ場は、小佐野賢治さんの国際興業が開発中だったものを、私が譲り受けたものだ。小佐野さんとは親しくさせていただいていて、アドバイスをしてもらいながらハワイのホテルを買収していたころのことで、

「お前、ゴルフ場を買わねぇか」

といきなり言われて驚いた。

一九八六、七年の冬のことだった。

どこのゴルフ場かは言わなかったが、小佐野さんの話であれば間違いない。そのころはカネはいくらでもあったし、金融機関は競って貸したがっているので、資金の手当てはどうにでもなる。「よければ買えばいい」といった気持ちだった。

それからしばらくて、小佐野さんから電話があり、

「見せたいゴルフ場があるから明日、付き合ってよ」

と言った。どこのゴルフ場だか小佐野さんは言わないし、言わないものを私も問わない。翌朝、東北自動車道の起点である川口で待ち合わせ、小佐野さんのクルマのあとを

ついていった。首都高速道路と東北自動車道がつながる三年ほど前のことだった。

クルマは栃木県の矢板インターチェンジで高速を降りると、雪のなかをしばらく走って造成中のゴルフ場に着いた。建設はかなり進んでいて、芝生に雪がかかっていたのを覚えている。土地買収から初めて十年がかかっていると小佐野さんは説明して、

「ウチの会社がやる予定だったんだけど、アンタに譲るよ。価格は九十億円でいい」

小佐野さんはいつも単刀直入で、話が早い。資金の算段もできている。このゴルフ場を運営する那須開発の株を私が二十億円分購入して麻布自動車グループ傘下に入れ、残り七十億円を同社に貸し付けて、それを工事資金に充てる——というものだった。会員権は高騰を続けている。ゴルフ場を作れば確実に儲かる。

「カネは会員権を売ってからでいいよ」

と、小佐野さんは言ってくれていたが、うちのメインバンクの三井信託銀行（当時）の中島健副社長（当時）は

「会員権の販売を待つことはない。全部払ってしまおうよ」

と言ってくれた。

そういう時代だった。

二束三文になった土地をどう活用するか

クラブハウスやホテルなど建設費は総計二百五十億円。ここが地元となる渡辺美智雄さんと親しくさせていただいたのは既にご紹介したが、その渡辺さんが、「一年中、花が咲くゴルフ場にしたらいい」とアドバイスしてくれたので、植木に十三億円もかけ、さしもの小佐野さんも「そんなにかかるのか」と驚いたものだった。

役員も錚々たる顔ぶれだった。理事長に鈴木治雄氏（昭和電工名誉会長）、理事には川崎誠一氏（三井信託銀行会長）、安藤太郎（住友不動産相談役）、中田乙一氏（三菱地所相談役）、杉浦敏介氏（日本長期信用銀行最高顧問）、堤清二氏（西武流通グループ）、伊藤雅俊氏（イトーヨーカ堂社長）、櫻井義晃氏（廣済堂会長）、前野徹氏（東急エージェンシー相談役）、山崎富治氏（山種美術館館長）、そして名誉理事を渡辺美智雄さんに就任していただいた。ゴルフ場のある喜連川という町の名前に、私の名前の喜太郎の「喜」

の字が入っていることも、私には嬉しいことだった。ゴルフ場の名前を「喜連川カントリー倶楽部」にしたのは、そういう理由もあった。

東京との交通の便もよく、理事の何人もが、

「引退したらこのゴルフ場の近くに住んで、毎日通いたい」

と言っていたし、実際、土地を取得した人も何人かいて、

「ナベさん、死ぬならここだなあ」

って言っていたほどだ。

ところが、バブルが崩壊する。

麻布自動車グループは解体の危機に直面し、喜連川カントリー倶楽部を経営する那須開発も行きづまり、民事再生法の手続きをした。七億円で売った。二百五十億円かけたゴルフ場がたったの七億円。二束三文だった。

喜連川カントリー倶楽部が民事再生法で処理されることになって、会員権の預託金は大幅な減額になり、会員諸氏に大変な迷惑をかけてしまった。私は逃げなかった。頭を

下げ、理解を得たことでいまもここでプレーできるのだが、実はオーナーズルームを月額三十五万円でそっくり借りた。さらにそれから五年後、十五万円に値下げしてもらい、いまも借りている。女の子を一人頼んでいるので、賃貸料と合わせて月に二十五万円ほど経費がかかっている。

そんなこともあって、喜連川にはたまに出かけるのだが、

「このあたりの田んぼ、いまいくらぐらいするの？」

と、ゴルフ場関係者に問うたら、

「値段を私に訊くんですか？」

と苦笑いをした。

「二束三文にもならない。タダ同然。いや、タダでも貰ってくれる人はいないですね。買ってもらうどころか、いくらかカネを払わなきゃなんない」

バブル期の後遺症で、日本はゴルフ場が多すぎる。飛行機から見下ろせばわかるように、ゴルフ場だらけ。地方に行けば、二十七ホール三十万坪が六億、七億円。ゴルフ場じゃ儲からないので、企業がこれを買って太陽光発電をやったりしている。

いま地方の田舎町は寂《さび》れてしまった。親は必死で土地家屋を大事に守ってきたが、財産価値がないから子供は見向きもしない。働く企業も少なく、都会へ出て行ってしまう。残るのは老夫婦ばかりで、これでは雪かきはできない。地方の空き家が社会問題になっているが、起こるべくして起きた問題だと私は思っている。

いまのままでは地方は活性化しない

地方創生を掲げ、内閣府特命担当大臣（地方創生担当）が創設されたのは二〇一四年九月に発足した第二次安倍改造内閣である。初代大臣が石破茂さん。資料を見ると地方創生大臣の仕事は「元気で豊かな地方を創生するための施策を総合的に推進するため企画立案及び行政各部の所管する事務の調整担当」とか。

だが、地方が寂れ始めたのは昨日今日のことではない。「シャッター通り」という言葉がメディアで取り上げられるようになったのは一九八〇年代後半で、この直後のバブル崩壊で顕在化した。地方創生を掲げたのは、内閣総理大臣だった竹下登さんだから、いまから二十年以上も前から政府は地方の危機を現実のものとして認識していたことになる。

で、竹下さんは何をやったか。

「自ら考え自ら行う地域づくり事業」――通称「ふるさと創生事業」で、各市区町村に対し地域振興を目的として一億円を交付した。地域振興のためなら何に使ってもよいということで、一九八八年から一九八九年度に実施された。使途について政府が関与しない公共事業である。

山形県東田川郡立川町（現庄内町）のように、自治体としては日本初の風力発電施設を設置した例もあるが、「イカのモニュメント」（北海道函館市）や、緯度がニューヨークと同じという理由から製作した、「日本一の自由の女神像」（青森県上北郡百石町／現おいらせ町）、さらに秋田県仙北郡仙南村（現美郷町）は「村営キャバレー」を開設した。総額三千億円。バブル経済のさなかで行われ、無駄づかいだと批判もされた。

私は「バブルのチャンピオン」と揶揄《やゆ》され、カネも儲けたが、破綻して責任も取ったし、取らされもした。政治家の無責任ぶりについては既に触れたとおりだが、政府は血税をつぎこんだこの事業に関する検証はしないまま、うやむやに終わった。この経緯を知る一人として、「地方創生」はむしろ利権の温床となるだけで、地方が活性するとは到底思えないのである。

では、なぜ地方は「シャッター通り」となっていったのか。

理由はいくつか指摘されている。一つはクルマ社会。ことに公共機関の交通網が未発達の地方都市で発展した。私は経済学者ではないが、このことは誰でもわかるだろう。地方都市は自家用車がなければ不便だ。田舎町に行ってみればわかるが、お父さんは通勤用に、家族は日常生活のために一家で二台、三台と所有している。クルマを使えば隣街のスーパーに足を伸ばせる。これまで商店は、その町々の鉄道駅前やバスターミナルを中心にして発展してきたため、必然的に集客力は弱くなる。儲からなければ、子供は当然ながらあとを継げず、別の仕事に就く。駅前商店から人足が遠のけば、櫛の歯が抜けるようにシャッターを下ろす店が出てくる。通りはこうして衰退していく。

もう一つはグローバル経済ということがあるだろう。地方都市にあった工場が人件費の安い労働力を求め、海外移転していった。〝企業城下町〟と呼ばれた都市は雇用先を失い大打撃を受けた。シャッター通りどころか、ネオン街も消えていった。

クルマ社会やグローバル経済化は、産業構造・社会構造の変化ということでやむを得ない側面がある。しかし、二〇〇〇年の大規模小売店舗法の改正はどうなのだろうか。法改正によって、全国に郊外型ショッピングモールの建設が可能になり、駅前商店にトドメを刺すことになる。

郊外型ショッピングモールは買い物だけでなく、シネコン（映画館）やカルチャーセンター、飲食店が併設され、ショッピングモールそのものが大繁華街になってしまった。ここに行けば家族が一日過ごせる。集客力、品揃え、サービスにおいて、駅前商店の個々の店舗では競争にさえならない。

政府は法改正によって郊外に〝大繁華街〟を作っておいて、「ふるさと創生」「地方創生」という〝駅前政策〟を推進する。

舵取りに誤りはなかったか。あちこちで駅前再開発が企画されているが、商店街は土地の権利関係が複雑で地権者も多く、実現は容易ではない。

東京の一極集中は止まらない

東京一極集中が危機感をもって語られるようになったのは、二〇一一年三月十一日の東日本大震災である。東京直下型地震が懸念されており、大惨事を目の当たりにして、首都壊滅がリアルな問題になったが、地方から東京へ大量に人が流れ始めたのは、日本が高度経済成長にむけてひた走り始めた一九五〇年代半ばからで、現在まで六十余年にわたってこのことは続いている。

中学や高校の新卒者を乗せ、青森から上野駅まで運行されていた臨時の〝就職列車〟は、東京オリンピック開催の前年に当たる一九六三年、労働省（当時）の指導で「集団就職列車」の名称がつけられた。これをモチーフに井沢八郎が歌って大ヒットした『あゝ上野駅』は、その翌年五月と資料にある。「集団就職列車」は一九七五年の運行終了まで、十数年にわたって地方から東京へと若者たちを運び続けた。九州や沖縄県などの離島からはフェリーで大都会へ就職していった。不便から便利へ、田舎から都会へという人の流れは世界に共通したもので、水が高きより低きに流れるのと同じで、この流れは決して止めることができない。

私が足利市で織物工場の経営に失敗した後、上京を決意するのは一九五二年、十九歳のときだった。それから八年後、曲折を経て麻布小型自動車株式会社を設立する。従業員は十人ほどだった。二階屋の一階が事務所とクルマを修理する作業場で、二階が私たち家族の住まい。屋根裏部屋に住み込みの修理工がいた。妻は赤ん坊を育てながら事務関係の切り盛り、接客、さらに従業員の食事から作業服の洗濯といった世話まで忙しく働いていた。創業と前後するように東京タワーが完成し、会社からよく見えたものだった。『あゝ上野駅』が流行るのは創業から六年後、事業も軌道に乗り、この歌に上京当時の自分の姿をダブらせたものだった。

『あゝ上野駅』に続いて、守屋浩が歌ってこれも大ヒットしたのが『僕は泣いちっち』。その中の歌詞に、東京に恋人を取られた地方の青年の哀愁があり、当時の、いや当時から現在に続く東京一極集中化が見て取れるだろう。吉幾三の『俺ら東京さ行ぐだ』の大ヒットは一九八四年で、バブルに向けて日本経済は急激に膨張し、さらに人口は東京へ流れ込んでいく。

「陸の孤島」麻布に一肌脱ぐ

地方の衰退は、前述のようにいくつか要因が指摘されているが、交通機関が大きく影響していることは明白だ。一九八七年四月一日、国鉄（日本国有鉄道）が分割民営化されてJR七社が発足、利益追求路線に転じて赤字路線の廃止が相次いだ。足を奪われた田舎町はこれによってますます寂れていく。だがJRにしても、乗客が少ない赤字路線を運営するわけにはいかない。赤字路線の切り捨ては、経済原理からすればやむを得ないとしても、地方の過疎化に拍車をかけた。

地方都市の盛衰は交通網に大きく影響するため、鉄道新設に際しては、駅の設置をめぐって水面下で激しい綱引きが繰り返され、「我田引水《がでんいんすい》」をもじって「我田引鉄」と揶揄される。

いまも語り草になっているのが、埼玉県深谷市の「深谷駅」だ。故荒舩清十郎衆議院議員が運輸大臣当時、選挙区にある当駅を急行停車駅に追加させたとして政治問題となり、荒舩さんは大臣辞任に追い込まれた。停車駅となることを了承した当時の国鉄総裁・

石田禮助は「武士の情け」と釈明し、この言葉は有名になった。

それほどに停車駅は地域の発展と地価に影響する。

ところが、「駅はいらない」と言って反対運動が起きた街がある。東京でもトップクラスの地価を誇り、私が上京以来、ホームグラウンドにしている麻布十番である。


麻布十番は知名度の割りに、地方都市に住まいの方は場所がわかりにくいかもしれない。六本木ヒルズが立つ六本木六丁目に隣接し、「麻布十番」駅から北東にあたる東京タワーまで直線距離で約七百メートルといえば、およその検討がつくだろうか。

私が麻布十番に麻布小型自動車株式会社を設立した翌一九五七年、地下鉄日比谷線の建設計画が発表された。日比谷線は現在、目黒区の中目黒から恵比寿、六本木、神谷町、霞ヶ関、日比谷、銀座と通って足立区の北千住とを結んでいるが、当初の計画では、六本木から麻布十番を経て神谷町へ向かう計画だった。

ところが麻布十番の住人たちは「街が騒がしくなる」といって反対運動を起こした。

反対運動が起こったのは麻布小型自動車株式会社を設立した翌年のことで、私のカミさんが頼まれて反対の署名をしたことをよく覚えている。高級住宅地が多い麻布にあって、この一帯は下町の風情を残しており、ここで暮らす人の気持ちは理解できた。商店街としても、ここに駅ができれば地元の客を銀座に取られてしまうと危惧もしたのだろう。都電も走っている。政治家を使って「我田引鉄」はしても、計画で決まっていた駅の新設に反対運動を起こすとは、いま考えれば信じられないことだろう。

日比谷線の開通は、一九六四年十月開催の東京オリンピックに間に合わせることが至上命令で、六二年の都市交通審議会答申で麻布十番を通らないことが決定。突貫工事で建設され、無事開通する。そして、その後、都電が廃止になり、麻布十番の足は都バスだけになった。最寄り駅の六本木駅まで一キロ以上、しかも高台になるため、一帯は「陸の孤島」と呼ばれるようになる。以来、麻布十番に地下鉄を通すことは、商店街と住民の悲願になるのだから、皮肉なものだ。

一九七八年、経済的な力をつけ、政界にも知己ができた私は、麻布十番に地下鉄を通すため、ひと肌脱ぐ決心をした。あとで記すが、打算を超えて「人のため」「地域のため」に尽くすことは、必ず自分にかえってくる。人生とはそうしたものであることを、裸一貫から「バブルのチャンピオン」になった私が何より体験で知っていた。

「一緒にやっていただけませんか？」

と、港区議会議員や地元選出の都議会議員にも声をかけたが、

「そんなものができるわけないでしょう」

一笑に付した。

駅を誘致するには強力な政治力がいる。しかも麻布十番は日比谷線建設で反対運動を起こして、新駅を潰している。おいそれとはいくまい。新駅誘致をブチ上げてうまくいかなければ、名前に傷がついて選挙で不利になる。地元にかかわる議員の腰が引けるのも当然だったろう。

だが、発展し続ける東京は、これから地下鉄新線が必ずできるし、計画は水面下で進んでいる。おそらく〝十年仕事〟になるだろうが、私は一人でもやる決心をした。

つい先ごろ――二〇一八年六月、農林水産省は六十五歳以上の「買い物難民」（食料品アクセス困難人口）の推計結果をまとめた。それによると、二〇一五年時点で八百二

十四万六千人。五年前にくらべて十二・五パーセント増だが、都市部での増加率が高く、深刻度を増している。東京、名古屋、大阪の三大都市圏では実に二十三・一パーセント増の三百三十七万六千人。「買い物難民」とは自宅近くにスーパーなどがなく、食料品の買い物に不便をきたしている人たちのことだが、大都会でも大型商業施設が郊外に展開しているため、〝シャッター通り〟が増えていることを物語っている。

いま振り返れば、東京のど真ん中にある麻布十番も「陸の孤島」のままでいたなら、今日の発展はなかったたろう。

では、麻布十番の「我田引鉄」は、どのようにして進められたのか。

私が政界との距離を深めることが出来た背景

日本は、政治家の力なくして何事もできない。許認可から予算措置まで政治家が握っている以上、これは当然である。

だが、政治家の〝命綱〟は政治献金である。既に紹介したように、官僚という実働部隊を動かさなければ物事は前に進まない。そのためには表に出せないカネがいる。カネを持っているのは実業界である。実業界、政界、官界は結局、持ちつ持たれつの密接なリンクであり、グー・チョキ・パーの関係にあるというのが私の見方である。

ちなみに私の麻布建物は毎年、かなりの使途不明金があった。税務署にそう言われただけで、決して使途不明ではない。政治家に渡した裏ガネで、誰にいくら用立てたか私にはもちろんわかっている。

ある年に税務署が調査に入ったとき、十年で三十億円ほどの「仮払い」があった。

「この仮払いは何ですか？」

と税務署が訊くので、

「政治家への寄付だ」

正直に答えると、

「じゃ、使途不明金ですね」

ということになった。

「誰に寄付したのですか」

とは問わない。

私が名前を出して「寄付」だと言い張れば調査しなければならなくなり、税務署としては面倒なことになると判断したのだろう。いまはどうか知らないが、これは私が体験した事実である。ある年の自民党総裁選のとき、銀行の幹部が候補者の名を告げて、

「一本出してくれませんか」

という要請があった。

「いいですよ。一千万ですね」

確認すると、

「いや、大きく一本です」

一億円のカネを用意したこともある。

そんな関係を通じて、私は政界との距離を深めていった。

麻布十番に地下鉄を通す

麻布十番に地下鉄を通すためにいろいろ動いたが、労多くしてなかなか前に進まない。思い余った私は、政治家に頼むしかないと思った。交通網の整備は〝政治案件〟なのだ。

誰に頼むか。力があって、信頼ができて、誠実で、しかも腹を割って話せる政治家は誰か。あれこれ考えたすえ、やはり大野明さんしかいない。大野さんは二世議員で、父の大野伴睦さんは衆議院議長、自民党副総裁を務めた重鎮で、伴睦さんの死去に伴い、一九六四年に行われた補欠選挙で衆議院に初当選する。のち労働大臣、運輸大臣を歴任する。大野さんは麻雀が好きで、麻布十番によくやってきてソバ屋の親父さんたちとよく卓を囲んでいて、そのうち私と気が合って仲よくなって付き合っていた。

それで、大野さんに地下鉄の件を相談すると、

「わかった。一緒に幹事長のところへ行こう」

と言ってくれた。

当時の自民党幹事長は斎藤邦吉さんだ。斎藤さんは池田内閣（第三次改造内閣／一九六四年）で官房副長官、田中内閣（第二次改造内閣／一九七二年）で厚生大臣を歴任したのち、大平内閣（一九七八年）で自民党幹事長になった実力者だ。

私と麻布十番の商店街組合理事長は、大野さんに伴われて自民党本部を訪ねると、

「麻布十番に地下鉄の駅をお願いします」
と陳情した。

下話は、大野さんがしてくれていたのだと思う。

斎藤幹事長は、運輸省（現国土交通省）の大臣室に電話をかけると、地下鉄新線のことを尋ねた。

南北線と大江戸線の二つの新線が論議されていて、南北線は目黒から永田町、市ケ谷を経て赤羽方面に向かうのだが、白金高輪から三田方面に通すか、古川橋方面に通すか考えが割れていた。古川橋方面に向かえば麻布十番を通る。

相手とのやりとりは私には聞こえないが、斎藤さんが短く相槌を打ってから、
「で、麻布十番、どうなっているの？」
と訊いた。

それに対してどういう返答があったのか、私にはわからなかったが、斎藤幹事長は電話を切ってから、

「今度、また来てください」

と言ってくれた。

そして二度目の陳情に斎藤さんを訪ねると、

「決まったよ」

と言われた。しかも大江戸線も麻布十番を通るという。陳情が功を奏したのかどうか私にはわからないし、斎藤幹事長の力が具体的にどう影響したのかもわからない。だが「モリカケ問題」で〝忖度〟が論議されているのを聞くと、そういうことがあって不思議ではないと思うのである。

こうして二つの新線が通る「麻布十番駅」が完成するのである。難航すると覚悟していた私は、与党幹事長の力というものを、まざまざと見る思いだった。二〇〇〇年九月に南北線が全線開通し、同年十二月に大江戸線が開通する。大野さん、斎藤さんの名誉のために言っておけば、私は献金はしていない。斎藤さんのパーティー券のお付き合いをした程度である。

土地は西を買え、の根拠

これまで述べてきたように、東京の一極集中はますます加速する。二十年前、竹下内閣が「ふるさと創生」に取り組んで以後、地方がどれだけ創生・再生しただろうか。安倍内閣が「地方創生担当大臣」を新設したのは、まさに凋落の一途であることの証明と言っていいだろう。

その一方、東京の地下鉄路線図を見ればわかるように、都内を網の目のように走っている。高速道路もそうだ。それぞれがいろんな箇所でつながり、分岐し、東京を縦横に走っている。首都機能の移転が論議されては立ち消えになるが、それくらい思い切った手を打たない限り、東京と地方の格差は拡大の一途を辿ることになる。

既に述べたように、二〇一七年度の国の税収はバブル期以来、二十六年ぶりの高水準になった。企業は好景気で、法人税も消費税も、個人の所得税も伸びた。その一方で、片親世帯の子供の貧困が社会問題になり、非正規労働者の生活は不安定なままでいる。経済的格差はさらに加速するだろう。

これまで「格差社会」ということが言われ、これを解消するためにどうすればいいかが議論されてきた。だが――的場順三さんが言うように、このバブルは既に終わったとしても――少なくともいま現在は、数字から見る限り好景気は続いている。つまり、好景気であるにもかかわらず、富める者とそうでない者の格差が広がるというところに、社会の構造的な矛盾がある。

これまで言われてきた「格差社会」は、たとえば「東京」と「地方」、「正規雇用」と「非正規雇用」というように、大きなくくりでの格差である。言葉を変えれば「総論の格差」ということだ。だがこれからは、東京という総体、正規雇用という総体のなかでさらに格差が生じていくだろう。これを私は、「各論の格差の時代」と呼ぶ。

私はよく地価について質問される。バブルとは「地価高騰」をベースにした経済発展であり、それを享受したのが私だからだろう。私の社長室はサロンのようになっていると紹介したが、お茶を飲みながら必ず出る話題が、今後の地価の動きだ。地方の空き家問題などで、不動産の時代は過ぎたという論調もあるし、これからは賃貸の時代だという声もよく聞く。数字と現状からすればそうだと思うが、これまで日本人に染みついた

〝土地神話〟は、そう簡単には払拭できるものではない。ＩＴ関連の会社を起業して成功する人は別として、財産を殖やそうすれば結局、日本の場合は土地ということになってしまう。

だが、これまでと違って、土地は値上がりするとは限らない。これは東京にも言える。バブル期という〝総論バブル時代〟であれば、大都会はもちろん地方都市であっても土地は高騰したが、「各論の格差の時代」にあっては、東京においても地価の格差はどんどん広がっていく。

私の知人に、両親と同居する会社勤めの若い女性がいる。両親と相談し、銀行で三十年ローンを組んで、東京郊外に二千三百万円で一軒家を購入した。ところが、父親が病気になってしまった。療養を考え、母親が父親を連れて実家のある茨城県某市へ引っ込むと言い出した。じゃ、この家を引き払おうということになり、不動産屋に相談したら、どう見積もっても一千七百万円でしか売れないと言われ、売っても残債があると彼女は怒っていた。事情が許せば家を賃貸に出し、家賃でローンを返済し、完済した時点で売れば、まとまったカネを手にすることができる。売るよりこのほうがいいとアドバイスした。

別の知人女性は四千万円でマンション買った。ところが離婚することになり、売りに出したら三千百万円にしかならない。九百万円も損したと言って嘆いていた。

区の名前は差し障りがあるので言わないが、某区に住む知人の資産家が私にこう言う。

「ナベさんさ、俺はここに一千坪持っているけど、港区に百坪持っているほうがいいよ」

総論のバブルは起きないということを、彼は知っているのだ。

だから土地を買いたいという人に、私は一言、こうアドバイスする。

「西を買いなさい。東京駅と日本橋を境にして、南を買いなさい」

私は経済学者ではないので数字や理論では説明できないが、「土地は西を買え」というのが鉄則だ。経済は西へ西へと伸びていく。これから土地を買おうとしている人で、選択に迷ったら「西を買え」ということを覚えておくといいだろう。

六本木再開発で再び麻布十番が注目

二〇二〇年開催の東京オリンピックが、いま日本の最大の関心事だ。景気もこれに引っ張られ、弾みをつけていることは確かだ。オリンピック後の日本経済が懸念されるのは、裏を返せば、それだけいまは景気がいいということになる。

オリンピック後の懸念もさることながら、私が注視しているのは「生産緑地二〇二二年問題」である。敷地面積五百平方メートル以上で、農業を営むことなど一定条件を満たせば、三十年に渡って固定資産税は農地扱いとし、相続税については納税猶予を受けることができるというもので、この条件を満たしたものが「生産緑地」として指定され、一九九二年の法改正によって施行された。それから三十年後が東京オリンピックの二年あとの二〇二二年に期限を迎える。

生産緑地は都市圏を念頭に置いたもので、総面積の約四分の一——三千三百二十九・八ヘクタール（約一千七万坪）、が東京都にある。しかも、世田谷区や練馬区など二十三区内だけでも四百四十五ヘクタール（約百三十五万坪）となっている。生産緑地の指定が解除になれば宅地に変わるため、宅地が市場に溢れ、土地は大暴落する。それでは影響が大きすぎるので、政府はあれこれ施策を打ち出しているが、所有者の高齢化などで宅地転用は間違いなく加速していく。二〇一八年における住宅地の地価は十年ぶりに上昇に転じたが、都内の土地は「総体」としては値下がりしていくことになると見ている。

一方、都心では、六本木ヒルズの東側一帯で「六本木五丁目西区」の再開発計画が進んでいる。六本木再開発といえば六本木ヒルズと東京ミッドタウンがよく知られているが、「六本木五丁目西区」の再開発は国家戦略特区に組み込まれ、それらを超える経済的インパクトを持つと期待される。特区によって高さ三百メートル級の高層ビルが建設されるとも言われている。「六本木五丁目西区」は六本木と麻布十番にはさまれた地区で、この一帯の地価は間違いなく高騰していく。地下鉄を麻布十番に通す運動をやっていたころはそこまで考えなかったが、南北線と大江戸線という二つの地下鉄が走る「麻布十番駅」は、再開発の要ともなるだろう。

東京一極集中こそ現代のバブルだ

「善《よ》く国を治める者は、必ず、まず水を治める」

よく知られたこの言葉は、古代中国・斉国《せいこく》の行政をつかさどる管中《かんちゅう》が、君子である桓公に進言したものだ。当時、水害や干ばつなどの自然災害は深刻な問題であったため、国を治める上でもっとも重要なことはまず治水——すなわち灌漑であったり、洪水を防いだりすることであると、管中が熱弁を振るったとされる。

古代中国が治水であるなら、日本は土地政策ということになる。治水に対して「治地」である。古くは、豊臣秀吉が日本全土で行った「太閤検地」がある。検地とは、その土地から収穫できる米の量を調べることだが、これによって「その土地からどのくらいの年貢が納められているのか」がわかり、土地の価値が決まった。

近年では先の大戦後、占領軍の強力な指導によって行われた農地改革がある。これによって地主制は解体され、小作地が解放された。

先に紹介した「生産緑地法」も、田中内閣時代に起こった地価高騰の沈静化を狙った政策であることは、既に述べたとおりであり、バブルを崩壊させて日本を不況のどん底に落とした総量規制も「治地」である。土地政策・地価政策は、経済という一国の運命を握っていることを、政治家はキモに銘じなければなるまい。

「大変だよ。帰国するとき、羽田空港の上空を三回も旋回したんだけど、上から見ると、羽田周辺の中小の町工場が集まっているあたりが真っ暗なんだよ」

と言って、ミッチーこと渡辺美智雄さんは大田区に密集する製造業に危機感をつのらせたが、この危機意識は地価政策の失敗を批難したものだ。地価政策の失敗とは、「治地」の失敗であり、一国を危うくするものにほかならない。

東京一極集中は、地方経済を疲弊させるだけでなく、懸念される「東京直下型地震」が起きたとき、どうなるのか。土木学会は、地震発生から二十年間の経済的な被害額について、七百七十八兆円にのぼると推計した。経済的損失だけでなく、東京が崩壊すれば日本は機能不全に陥り、これまでの繁栄は一瞬にして弾け飛んでしまう。

そういう意味からも、東京一極集中こそ現代のバブルであり、これに政治はどう取り組んでいくのか。政治家の責任は重い。

4

ビジネスモデルはいま、異次元の変化を遂げつつある

前回のバブルは商売の基本に則ったバブルだった

安く買って高く売る。

高く買っても、それ以上で売れば儲かる。

これが商売の基本で、かつての土地バブルは、土地が転売されるたびに価格が倍々につり上がっていき、うまく売り抜けた者は儲かった。そういう意味では商売の基本に則ったバブルで、極めてオーソドックスなものだった。

私が土地ビジネスに関わるようになったのは、クルマの保管場所として、清水建設の役員が所有していた麻布十番の近くの土地を買ったことがキッカケだった。そのころ麻布自動車は一カ月に四百台の中古車を販売していたので、常時、五百台の在庫が必要だった。そのため、クルマの保管場所として近所の土地を借りていたのだが、取り引きしていた同栄信用金庫（当時）の理事長が、

「ナベさん、土地を買ったらどうですか」

と薦《すす》めてくれ、その気になった。

理事長は商売柄、これから地価が値上がりしていくことを察知していたのだろうが、私は土地で商売することなどまったく考えていない。経営が順調だったので、賃貸するより自前の土地を持てば財産になると単純に思った。

候補地は、ローンテニス倶楽部に隣接する三百五十坪。清水建設の役員の所有で、麻布の一等地にある。クルマ置き場として使用するので、詰めれば二百台は楽に入る。社宅を建てることもでき、私は気に入った。

さて、いくらで売ってもらえるか。

私は同栄の理事長、持ち主の清水建設役員を三宅島へ釣りに誘い、

「いくらで譲っていただけますか？」

と切り出すと、すかさず同栄の理事長が、

「坪二十五万円が妥当でしょう」

と言ってくれたので、この価格になった。

ところが、この土地が瞬く間に坪九十万円にハネ上がったのである。八千七百五十万円で買った土地が三億一千五百万円の価値になった。土地を持っているだけで、二億円

の利益が出たのだから、これには私も驚いた。

（まだまだ地価は上がる）

と確信した。

中古車販売事業が儲かっていたので、銀行はいくらでも融資してくれる。私は不動産ビジネスに参入した。一九七八年、麻布自動車産業は麻布建物株式会社へと社名変更すると同時に、麻布自動車を設立し、自動車販売部門を分離して存続させたのである。こうして私はハワイのホテル買収を手がけるなど「世界第六位の富豪」になっていく。

これが「安く買って高く売る」「高く買っても、それ以上で売れば儲かる」という商売の基本で、私が経験したバブル期のビジネスモデルだ。

ところが、このビジネスモデルが急激に変わってきたことを認識したのは、リーマン・ショックが起こる少し前のことだった。

ペーパーバーチャルビジネスと言われるいまの土地バブルが破綻したとき

都内で高級タワーマンションが開発されると、すぐに完売御礼が出る。だが、マンションは各階が真っ暗で、人が住んでいない。海外資本が買い漁っていることはもちろん知っている。グローバル化とはこういうことを言うのだろうと、夜、クルマから高層マンションを見上げながら感心をしていると、

「不動産はバブル状態にありますが、かつてのバブルとは膨らみ方が違います」

と、同乗する私のブレーンの一人が言った。

私は金融の専門家ではないし、八十四歳になり、ビジネスの第一線から一歩下がったところで日本経済を見ているが、私の周囲には優秀なブレーンが何人もいるので情報はリアルタイムで入ってくるし、折りに触れてレクチャーもアドバイスもしてくれる。その一人、金融のエキスパートである若手のN君が言うには、私が経験したバブルは、先に紹介したように土地を買い、値上がりを待って転売するというパターンだったが、いまは不動産の仕込み方が私の時代とはまったく違うというのである。

「たとえば」

と、N君が解説してくれる。

「仮に、アメリカのゴールドマン・サックスが日本で年利四パーセントの利回りの物件

を買う場合、五パーセント〜十パーセントの高利回りで北米からカネを集めてきます。四パーセントの物件を買えば当然、逆ざやになってしまいますが、そうはならない。

どういうカラクリがあるかというと、たとえば四パーセントの利回りで十億円のビルを買うと仮定し、ゴールドマン・サックスが五パーセントの利回りで北米からカネを調達してきたとします。そのカネでビルを購入すれば逆ざや。だから買い取り額十億円のうち、頭金の一億円だけを支払い、残り九億円は日本の銀行から融資を受けるのです。日本はマイナス金利の金融政策をとっていますから、利率は〇・五パーセント程度で借りられるというわけです」

これが金融工学で言うレバレッジ（梃子《てこ》）という手法で、さらに十億円のビル購入をペーパー（債権）にして売り出し、これが市場で転売されていく。三回転ほど転がせば、取扱高が三倍の三十億円になる。不動産そのものは実体であるにもかかわらず、債権化することによってバーチャル化し、世界の投資家にバラまかれていく。

「鏡を左右に並べて自分の顔を映すと、鏡が鏡を映して自分の顔はエンドレスに見える。あれと同じだと思えばいいでしょう」

わかりやすくするため、物件価格を十億円として説明したが、実際には一千億円単位で流動していくことになるとブレーンは言っていた。

恐い話だ。幽霊《ゴースト》を相手にしているような不気味さがある。私が経験したバブルは、一億円で買った「実在の物件」を、十億円で売るというリアルなビジネスだ。だが、いまの土地バブルは、ペーパーというバーチャルなビジネスである。

「破綻すると、整理はかってのバブル処理の比ではなくなってしまう」

とN君はつぶやいた。

異次元の変わり方を始めた銀行の未来は肌寒い

ビジネスモデルは急速に変わりつつある。

日本経済を支える屋台骨である銀行は、異次元の変わり方をしつつある。身近なことでは、銀行に行かなくてもコンビニのＡＴＭで用が足りる。店舗も窓口業務も縮小されるｈ。仮想通貨にも乗り出した。融資審査も、ＡＩが遠からず取って替わるとメディアは報じている。

バブル景気で日本中がひた走っていた時代、私と蜜月時代にあった金融機関は鷹揚なものだった。仲よくしていただいていた国際興業の小佐野賢治さんが、開発中の喜連川カントリー倶楽部を私に譲ってくれたときがそうだった。

「カネは会員権を売ってからでいい」

と小佐野さんが言った話は既に紹介したが、このとき
「カネなしでどうやるんですか」

と訊いたら、

「お前が買ったと聞けば、お前と取り引きのある銀行がすっ飛んで来て、会員権を売らせてくれと言うから、会員権の上がりで返済をすればいい。俺に手形を切っておいてくれれば、あとは銀行がみんなやってくれる。だからお前はカネは一銭もいらない」

なるほど、そういう手があるのかと思い、銀行に行って、小佐野さんからゴルフ場を買う話をしたら、

「小佐野さんにカネを借りなくても、うちが融資するから払ってください」

と言ったのだった。

時代はバブル。カネが余っているので融資をしたがったわけだが、いま思えば人間臭いビジネスだったことがわかる。

これが旧来の銀行のビジネスモデル。いまはＩＴ戦略だ。たまたま「みずほフィナンシャルグループ」のウェブサイトを見ていたら、《システム構造改革の取り組み》と出して、こんなことが書いてあった。

《年々高度化するお客さまや社会のニーズにお応えするため、ＩＴシステムを〝早く、安く作り〟〝効率的に維持する〟「システム構造改革」と「ＩＴ業務プロセス改革」の両面から取り組んでいます。お客さまサービス・ビジネスニーズを実現しつつ、システムの共通化や戦略的再構築、クラウドを活用したインフラ高度化等、構造的体質改善を図り、その集大成として次期システムの開発を進めています。また、最先端のデジタルテクノロジーを活用し、開発生産性の向上や、運用・管理業務の効率化を図るＩＴ業務プロセス改革も進めています》

銀行は「情報」という新しいビジネスモデルに脱皮しつつある。

いま、私の会社には取引先の銀行から行員がしょっちゅうやって来て、融資の提案だけでなく保険商品なども売り込む。新しいビジネスモデルに転換する過渡期ということで苦しんでいるだろうが、したたかな銀行のことだ。必ずや脱皮することだろう。

何事も非常事態に陥るまで、事の重大さに気づかない。ナショナルフラッグシップとして日本航空は世界の空を飛んでいた。その日本航空が十年前、二〇〇八年のリーマンショックを引き金として経営破綻。会社更生法適用を申請して、経営再建に取り組むことになるが、「政治家の貯金箱」とまで言われた日本航空が破綻しようとは、誰が思っただろうか。

あるとき、小佐野賢治さんのゴルフ場で、全日空の社長だった若狭得治さんと一緒になったことがある。

若狭さんは一緒に食事ながら、

「ナベさん、うちは必ずＪＡＬを抜くよ。国際線でも一番になる。そうなるように私が路線を敷いているから、これは間違いない」

と言う。

「じゃ、JALはどうなるの？」

「JALは潰れます」

するとと小佐野さんが、

「バカ言え、JALが潰れるか。潰れたら、この俺が困るんだ」

と、むきになって言ったものだ。

小佐野さんはJALとANAの大株主で、航空業界への進出を狙っていたから航空業界には詳しい。その小佐野さんでも、よもやJALが破綻することがあろうとは思いもしなかった。むしろ、若狭さんの炯眼《けいがん》を誉めるべきだろう。若狭さんは運輸次官を経てANAに招聘され、国際線化と多角化によって「全日空中興の祖」と呼ばれた。JAL破綻のニュースが駆けめぐったとき、私は真っ先にゴルフ場で話した若狭さんの言葉が脳裡をよぎったものだった。

このとき、日本総体として、従来のビジネスモデルが大きく変わりつつあることを、肌で感じた。潰れるはずのない会社が潰れたからではない。潰すはずのない会社を潰したからである。

デパートビジネスはなぜジリ貧になったのか

ビジネスモデルの変化についていけなかったのは、デパートだ。少なくとも私はそう思っている。三越デパートの〝天皇〟と呼ばれた岡田茂さんとは親しくしていたこともあり、このことを痛切に感じる。

ある出版社の役員が、

「総合雑誌の時代は終わって、クラスマガジン（各論雑誌）になっていきます」

と私に語ったのは二十年以上も前のことだった。

「ニーズの多様化に総合雑誌が一冊で答えられるわけがありません。ページ数の関係から記事は総花的で、底の浅いものになってしまいます。週刊誌も総合的なものはジリ貧になっていくでしょう。クラスマガジンは大量部数は期待できませんが、コアな読者をつかむことができるので、そのなかで採算を考えればいい」

こうした〝クラス化〟は出版物に限らず、どの分野でも進展していくだろうと、この役員は言ったものだ。

私が真っ先に思い浮かべたのはデパートだった。かつて「百貨店」と言ったように、百貨とは読んで字のごとく、いろんな品物をそろえているということだ。雑誌で言えば「総合雑誌」である。このままではデパートというビジネスモデルはジリ貧になっていくだろうと思った。

かつて日本軍部は巨艦主義で臨み、戦艦大和や武蔵といった巨艦を建造した。アメリカはこれからは空中戦の時代になるとして、戦略を切り替えた。私はデパートを巨艦になぞらえ、どうビジネスモデルを変えていくか注目した。

変わらなかった。

変えようとして変わらなかったと言うべきだろう。日本政府の観光化政策によって訪日外国人の数が急増し、中国人観光客による〝爆買い〟がデパートで起こった。これにデパートは飛びついた。専用の買い物フロアを作り、観光バスの駐車場を用意し、中国語がしゃべれる店員を置いて接客に努めた。

あるとき銀座・博品館劇場に行くのに銀座四丁目を曲がったら、観光バスで大混雑。中国人観光客がぞろぞろ歩いている。クルマが走らない。ニュースで知ってはいたが、ここまでとは思わなかった。

「すげぇな」

私が驚くと、

「長くは続きませんよ」

と、同乗していた私のブレーンが肩をすくめて言った。彼はＩＴ関連の人間なので、先が読めていたのだろう。


周知のとおり、〝爆買い〟は一過性のブームで終わった。

試しに銀座のデパートに入ってみると、アジア系観光客でにぎわっているのは一階の化粧品売り場だけで、上階に設けた観光客用のフロアは閑散としたものだ。だけど、中国人観光客がいなくなったわけではない。これまでどおり観光に来ている。デパートで買わなくなっただけなのだ。

デパートで買って、わざわざ重い荷物を持って帰らなくても、通販で買えば三日で中国に着く。カタログ通販で急成長したベルーナの安野清社長は私の友人だが、誘われて埼玉に建設した配送センターを見学に行ったら、スケールの大きさに驚いた。東京ドーム二つ分くらいの広さがあり、配送準備のため衣類がコンベアで空中を回っている。ベルーナの二〇一八年三月期連結業績は、売上高は前期比九・五パーセント増の一千六百億円。巨艦主義という旧態依然としたビジネスモデルであるデパート商法に対して、通販というビジネスモデルは、飛行機による空中戦のように私には見えるのだ。

二〇一七年四月二十日、銀座六丁目に銀座最大規模の複合商業施設「GINZA SIX」（ギンザシックス）がオープンした。地上十三階地下六階建て。松坂屋銀座店（二〇一三年六月閉店）の跡地とその周辺を再開発したもので、出資したのはJ．フロントリテイリング（大丸松坂屋）、森ビル、L Real Estate（LVMHグループ）、コンセプトに『Life At Its Best 最高に満たされた暮らし』を掲げ、成功している。私の見るところ、森ビルが仕掛けたのではないか思っているが、「脱百貨店」「新百貨店」という狙いは時代に即応したものだと評価している。

既存デパートは、ビジネスモデルを変える絶好のチャンスであったにもかかわらず、中国人の〝爆買い〟という目先の商機に活路を見出そうとした。異次元とも言えるビジネスモデルの変化の時代にあって、いままでの延長線に活路があるわけがない。道の先が崖になっているとわかっていて、なぜそのまま歩き続けるのか。

この間読んでいた雑誌に、「現状維持バイアス」という人間心理について書いてあった。現状を変えることは、良い結果もあれば悪い結果もある。どちらもリスクがあるとなれば、人間は現状維持を志向したがるというものだ。この「現状維持バイアス」に、いまのデパートが重なっているように、私の目には見えるのである。

ブランドの〝下剋上〟は変わっていくものだ

かつて三越、伊勢丹、高島屋といった一流デパートは、ブランドそのものにステータスがあった。贈答品は、これらのデパートの包装紙に包まれていることに価値があった。だから中元・歳暮は、有名デパートから送った。名も知れぬ商店の包装紙ではおざなり感があり、

「この店、なんなの？」

贈られて眉をしかめる人だっているだろう。値打ちものの品物であっても、「店の名

前を知らない」は致命的なのだ。ここにブランドの価値があり、一流デパートはこの価値を享受してきた。

これは一流デパートに限らず、かつて高級とされたブランドは一様にその価値を下げている。逆に、かつては〝安物〟と一段下に見られていた商品が一定のステータスを持つようになった。いい例がユニクロだ。安価な衣類を着ているからといって、肩身の狭い思いをすることはなくなったし、ＵＮＩＱＬＯと赤字で大書された手提げの紙袋を持つことに、抵抗を感じる人は、まずいないだろう。

ブランドの〝下克上〟である。品質の向上で「安かろう、悪かろう」の時代はとっくの昔に終わった。グローバル化による製造拠点の移転で、製品コストが大幅に下がった。そして、成熟した社会にあって指向するのは精神的な豊かさであるとするなら、ブランドという虚栄が相対的に価値を低下させていく。しかも、スマホで価格サイトを見れば、同じ商品であっても値段の差がすぐにわかる。デパートの包装紙に価値を見出さないとなれば、デパートで買う意味はないと消費者が考えるのは当然のことなのである。

航空会社のCA（キャビンアテンダント）は女性の花形職業だった。容姿端麗で、素敵な制服を着て、英語がしゃべれて、高級取りで、国際線に乗務すれば海外にも行ける。ところが日本航空の破綻を境に、CAの待遇が悪くなった。しかも重労働で3Kの代表格。さらにLCCの台頭で、飛行機は日常の足になり、電車に乗るような感覚になった。飛行機そのものにステータスがなくなったのである。ファミレスと飛行機の違いだけで、どちらも〝ウェイトレス業〟に変わりないとなれば、CAも職業として魅力が薄れてくる。

ビジネスモデルも、人気職業も時代によって変わっていく。だが、時代を読むのは、ラクビーボールがどっちに跳ねるかを予測するようなもので、まず不可能だ。既にご紹介したように、私がバブルのさなかに「世界第六位の富豪」になれたのは、時代を読んでのことではない。少なくとも端緒はそうだ。クルマ置き場のために買った三百五十坪の土地が急騰し、これを景気に土地取引に参入した。地価が高騰すると読んで土地を買ったのではない。買った土地が高騰したのだ。

こうした経験から言えば、時代のトレンドはわかっても、「これがこうなる」という予測はできない。予測できないものを予測しようとすることに、あまり意味がない。大切なことは、どういう時代になろうとも、それに対応できる力だと思う。その力が何かと言えば、対人関係である。このことについてはあとの章で詳しく紹介するが、原始時代からIT時代の現代まで一貫して変わらない。「石の斧」が「コンピュータ」に取って替わったにすぎないのだ。

中国リスクで痛い目にあう日

時代の流れということで言えば、その動向が注目されるのは衆目の一致するとおり中国である。政治力、軍事力、経済力、そして人口十四億という巨大マーケットとして世界に大きな影響力を持ち、国家戦略として押し進める経済・外交圏構想は「一帯一路」と名づけられ、現代版シルクロードと呼ばれている。

中国と日本の関係は、依然として先行き不透明だ。中国は国内の統治手段として対日敵視政策を取っており、先に触れた尖閣諸島をめぐる対立は日中間の偶発的な衝突が懸念されている。領海・領空を平気で侵犯するかと思えば、二〇一四年には遠く小笠原諸島にまで中国船のサンゴ密漁団が現れ、大きな問題になった。それでいて、自国の横暴は棚に上げて、二言目には日本に難クセをつけて批難する。国際社会に協調せず、自国の利益のため、北朝鮮の後ろ盾になることで影響力を行使しようとしている。こうした中国の身勝手な実利主義は、「和をもって尊しとなす」日本人のメンタリティーと相容れない。だから日本人にとって中国は「嫌いな国」の筆頭にあげられるのだ。

それなのに、デパートや家電量販店は、モミ手に笑顔で「你好《ニーハオ》！」とやっている。中国人の訪日観光客は二〇一七年で実に七百三十五万人。ダントツの一位であり、モミ手するのもわからないわけではないが、〝爆買い〟が通販に取って替わられつつあるように、損得を行動基準とする中国人の実利主義を甘く見ると、手ひどい目にあう。

中国人を評して、こんなたとえ話で語られる。幼い子供が川に落ちて溺れかけ、母親が通りかかった男に、

「助けてください！」

と必死で訴えると、男はこう言った。

「なぜ俺が身の危険をおかしてまで、おまえの子供を助けなければならないんだ？　助

け て欲しければ、危険に見合うカネを出せ」

日本人には考えられない発想だが、理屈は合っている。これが中国人の実利主義だ。古代より戦乱に明け暮れ、統治者がころころ変わる中国では、時の政権などいつどうなるかわからない。信頼できるのは自分と一族だけという中国人の価値観は、こうした歴史が作りあげたものなのである。このことを知れば、国際社会における彼らの身勝手さも納得するのではないだろうか。

日本の小売業が〝爆買い〟を当て込んでどんなに便宜をはかろうと、彼らに感謝の気持ちは薄い。そこを見誤ったとしたら、これは経営者の不覚である。

中国人のドライさについて、こんな例があるので紹介しておこう。

私はかつてサイパンによく行っていた。日本から近いし、冬場のゴルフは暖かいので気に入っていた。友人がホテルを経営していたので、何かと便利だった。

そのうち日本人観光客が減ってきたので、日本航空が乗り入れをやめ、唯一、日本から直行便を飛ばしていたデルタ航空も二〇一八年五月、運休に踏み切った。一方、アメリカの信託統治だったサイパンがアメリカ連邦に組み入れられたことで、サイパンで出産すればアメリカ国籍が取得できることになったため、中国人が大挙、〝サイパン出産ツアー〟を始めた。二〇一七年だけで二千人を生んだと、サイパンの友人が言っていた。

こんな状態だから、サイパンへの渡航客の七割が中国人で、二割が韓国人、日本人は一パーセントにも満たない。これじゃ、日本人客相手にホテルをやってもしょうがないと、ホテルを経営する私の友人が思っているところへ、ホテルの敷地を貸しているオーナーが、

「あのホテルを三十億円で中国に売ってくれ」

と言ってきた。

サイパンは、外国人は土地所有ができないから、ホテルの敷地は借りていた。四十年の賃借なので、残りあと一年。土地オーナーも、ちょうどいいタイミングだと思ったのだろう。中国人客がメインなのだから、新しく中国人に建てさせたほうがいい。千室のホテルにするとか、カジノを作るとか、買収した中国サイドは言っていたが、鉄骨の枠組みだけ作って、放ったらかし。カネが続かなくなって中国へ帰ってしまった。困った

のはオーナーだ。私の友人に泣きついて、ホテル営業のマネジメントをやってくれと頼んできたが、まさか売った本人がマネジメントするわけにもいかないだろう。

テレビのドキュメンタリー番組で見て知っている人も多いと思うが、中国国内のマンション開発でも突如、途中でストップして、ゴーストタウンになってしまう。中国は平気でこういうことをやる。その一方で、アマゾンと並ぶ通販サイトの「アリババ」が世界を席巻しつつある。〝爆買い〟をあてにして、嫌いな国の筆頭の中国に「你好！」と言って愛想を振りまくような経営では、遠からず中国にしてやられるに違いない。

アメリカは絶対に運命共同体ではない！

アメリカについても、触れておきたい。

安倍総理の対米外交を「アメリカのポチ」と揶揄する。蹴られても、踏まれても、ひたすらご主人様にシッポを振ることで〝飼い犬〟として生存することができる。安倍総理がポチであるかどうかはともかく、アメリカのすることに「ノー」を言わないことは周知のとおりだ。

「シンゾー、お前はいいヤツだ」

とトランプ大統領が上機嫌なのも当然だろう。

事前に安倍総理と話し合っていたのかどうかはわからないが、二〇一八年六月、シンガポールで行われた史上初の米朝会談のあとに行われた記者会見で、トランプ大統領は北朝鮮の非核化の費用について、こう言い切った。

「韓国と日本が大いに支援してくれるだろう。彼らは支援する準備ができていて、支援しなければならないことも知っているはずだ。アメリカはこれまでに多くの国で多大な費用をかけてきた。韓国は（北朝鮮）の隣国で、日本もそうだ。彼らは支援してくれるはずだろう」

非核化は二百兆円以上の費用がかかるとされる。韓国は早くも日本に押しつけるべく牽制しているし、安倍総理も費用負担については否定せず、

「核の脅威がなくなることによって平和の恩恵をこうむる日本等が費用を負担するのは当然だ。（非核化費用を）北朝鮮に与えるのではなく、たとえば核廃棄のための機構を作って進める形になると思う」

もってまわった言い方をしているが、要するにカネは払いましょうと言っているのだ。これから北朝鮮の非核化がどう進展していくのかによって、対処法はさまざまに変わってくるので、ここでは非核化の費用を負担することの是非については触れない。「なぜ日本が中心になって負担しなければならないのか」という思いはあるし、腹立たしくもあるが、国際政治は一筋縄ではいかない。非核化については今後の展開を注視するとして、私が抱く思いは、

「平成の三十年間、そうと意識しないまま、政策の失敗でバブルを崩壊させた不況というツケを国民が支払わされてきたのと同様、戦後七十三年間というもの、アメリカによって敗戦のツケを支払わされ続けてきた」

ということだ。

一九四五年八月十五日、日本は戦争に負け、アメリカを中心とする連合軍に占領された。アメリカは日本に対して軟化政策をとったことで、「民主主義バンザイ！」「アメリカいい国」になった。文化も価値観もアメリカナイズされ、すべてアメリカがお手本に

なった。自分の両親を「ママ」「パパ」と外国の言葉で呼んで何の不思議とも思わないほどに親米の国になった。

「戦争に負けて日本はよかった」

という声まであった。

だが、冷徹な国際政治において当然、アメリカは自国の国益を第一に考える。旧ソ連と中国を睨み、アジアの〝反共の砦〟として沖縄を中心に米軍基地を置いた。「同盟国の日本を守りましょう」と言えば聞こえがいいが、アメリカのために在日米軍は必要であるにもかかわらず、日本は駐留経費の約八十六パーセント（二千億円）を支出している。

一方、日本経済が強くなって対日貿易が赤字になると、アメリは激しいジャパンバッシングを始め、日本車に火を点けて燃やす映像が日本のメディアに連日放映された。日本はアメリカの機嫌を損ねないように、たとえば自動車メーカーは米国本土に工場を建設して現地生産を始め、雇用に貢献する。

一九九〇年、アメリカ軍が主導した湾岸戦争では、日本の資金的な貢献が不十分だと

不満を募らせ、

「在日米軍の駐留費を全額、日本が負担しない場合、米軍は日本からは段階的に撤退することを要求する」

という決議案を米国下院が提出して恫喝。日本政府はあわてて二日後、米軍を中心とする多国籍軍への拠出金を増やし、合計四十億ドルを支援する。

思いつくまま書いていってもきりがないが、日本は結局、敗戦から現在まで、敗戦のツケを払わされ続けているということなのだ。ここを見落として、「アメリカとは運命共同体」とノーテンキに構えていたのでは、日本は最後に泣きを見ることになる。

政治とビジネスは不可分の関係にある。ビジネス分野において異次元のビジネスモデルの変化が起こっている以上、政治も遠からず異次元の〝政治モデル〟の変化が起こる。日本の政治家の何人が、それに気づいているだろうか。トランプ大統領はとかくの評価があるが、国際政治は甘くないということを日本人がさとったということにおいて、いささかの皮肉を込めて、感謝すべきだと思う。

「昨日の敵は今日の友」ということわざがあるが、国際政治においては「昨日の敵は今、い、日も敵」であって、決して友にはならない。両国の利害が一致したときだけ、笑顔で握手するにすぎないのである。

移民大国になった日本が抱える問題点

日本経済の喫緊の課題は少子化であることに、異論のある人はいまい。五十年後の日本の人口は、国立社会保障・人口問題研究所の推計によると、八千八百八万人になるという。二〇一八年一月が一億二千六百五十九万人だから、人口減のすさまじさには驚かされる。二〇一八年五月の有効求人倍率が一・六倍で、四十四年四カ月ぶりの高水準だそうだ。好景気に人手不足ということだろうが、仕事がありながら倒産というケースが増えているとニュースで報じている。

そこで移民問題がにわかにクローズアップされることになった。

「移民政策をとることは断じてありません」

と繰り返してきた安倍政権だったが、二〇一八年六月十五日、「骨太の方針2018」が閣議決定され、今後、外国人に対して新たな在留資格を設けることが決まった。これまで日本政府は外国人の単純労働に門戸を閉ざしてきたが、二〇二五年までに五十万人を超える就業を目指すとした。ひらたく言えば、このまま人口が減っていけば労働力の確保ができなくなると経済界が危機感を募らせ、それに政府が応えたということだ。

陸続きで民俗の往来が当たり前の欧米と違い、島国の日本は移民に馴染まない。しかも二百数十年にわたって鎖国をしてきた。こうした日本人のメンタリティーを考えれば「移民政策をとることは断じてありません」と安倍総理が言うのも当然だろう。

ところが、厚生労働省の集計によると、いま日本で働いている外国人労働者は約百三十万人に上り、この十年で倍増したという。「断じて」というフレーズを安倍総理はよく使うが、「移民政策」ではないにしても、既に百万人以上の外国人たちが日本の労働力の一端を担っているのだ。街によっては、日本人より同一民族の外国人たちのほうが多く、一大エリアとコミュニティーを作っている。実際、居酒屋やコンビニに入ると、「イラッシャイマセ」とカタコトの日本語で外国人労働者が接客するし、工場労働者も多い。OECD（経済協力開発機構）に加盟する三十五カ国で、移民受け入れ人数の順位は、上から順にドイツ、アメリカ、イギリス、そして日本は第四位なのである。これは二〇一五年の数字なので、いまの勢いでいくとしたら日本はイギリスを抜いて三位になっていると思われる。「移民政策をとることは断じてありません」という日本が、既に世界で上位の〝移民大国〟になっているのだ。

だが、移民を受け入れることの懸念も少なくない。好景気のときはいいが、ひとたび不景気になったらどうするのか。ヨーロッパやアメリカで移民に対する風当たりが強いのは移民に職場を奪われるからだ。ひとたび受け入れれば、子供をなし、家庭を営む。不景気だから国に帰ってくださいというわけにはいかない。

人口は「生産力」であると同時に「消費力」であり、このバランスが大事であることは子供でもわかる。人口に見合った制度設計はできないものだろうか。

「人が足りないから外国から入れればいい」

という発想は、中国人客が〝爆買い〟してくれるから専用の売り場を作ればいいという発想と同質だと私は思うのだ。

日本は資源ゴミを中国やタイに輸出してきた。「捨て場が足りなければカネを払って海外に埋めてもらえばいい」という発想だ。ところが中国に続いて二〇一八年六月、タイ政府も輸入を拒否し、日本は自国でより多くのゴミ処理を迫られることになった。これもまた〝爆買い〟と同じその場しのぎの発想のツケが回ってきたことになる。

一般消費者の収入の増え方が悪化、一方、国家公務員は

国家公務員に支給された二〇一八年夏期ボーナスの平均支給額が六十五万二千六百円で、昨夏より一万五百円増え、六年連続のプラスになった（管理職を除く一般行政職／平均三十五・九歳）。増額は人事院勧告に基づくもので、人事院は民間企業の賃金アップを踏まえて算出する。

だが、国家公務員の夏期ボーナス額が発表された二〇一八年六月、内閣府が発表した消費者動向調査は発表によると、消費者心理の明るさを示す消費者態度指数のうち、「収入の増え方」が四カ月連続で悪化している。公務員の給料は恵まれすぎている、というのが、私の率直な感想である。

ならば、公務員の給料を減らしたらどうか。

私と親しい、建設大臣、国土庁長官、総務庁長官、郵政大臣を歴任した某大物議員の

倅さんで、現衆議院議員がたまに私の会社に遊びに来る。外務大臣政務官、外務副大臣を歴任するなど将来を嘱望される若手政治家なので、公務員の給料のことを言った。

「国家財政が赤字で危機的状態であるなら、公務員の給料を一律五パーセント削ればいいじゃないか。雇い主の国が赤字なら、その社員である公務員の給料がカットされるのは、民間企業なら当たり前じゃないか」

すると現衆議院議員は、

「警察や自衛隊も全部、公務員ですからね。一律に給料を下げるということになると、志望者が少なくなる懸念があります。国の治安、国防をつかさどる任務を背負っていますからね。志望者が減ったのでは困ります」

一律というのが無理なら、公務員の給料を精査して、削るべきところは削るべきだ。

二〇一七年一月、大阪市は、無断欠勤の〝失踪職員〟をクビにしたのはいいが、退職金約一千万円を支払ったことに批判が殺到。これを受け、この職員が兼業禁止規定に違反してクラブを経営していた可能性が高いとして、退職金を不支給とした。地方公務員の一例だが、一事が万事で、こうしたバラマキは国と地方とを問わず、恒常的に繰り返されてきたと見て間違いはあるまい。

国の借金（国債残高）は一千六十二兆円。国民一人あたり八百三十七万円の借金をしていることになる。国民の税金だけでは国はやっていけなくなる。公務員の給料を減らすことに加えて国会議員の数を減らすことだ。日本には政治家が多すぎる。国会議員の数は衆参合わせて七百十七人。国会議員一人あたり五、六億円の費用がかかるとされる。参議院不要論は根強くあるが、参議院を廃止すれば二百四十二人分の年間費用・一千数百億円が浮くことになる。ところが安倍内閣は、定数是正ということで、参議院の定数を六議席増やした。国の借金は誰がどうやって返済するのか、安倍総理に聞いてみたいと思っているのは私だけではあるまい。

日本経済活性化の起爆剤は農業

ＡＩを第四次産業革命とし、さらにＡＩとバイオテクノロジーの融合による第五次産業革命まで取り沙汰されている。ＩＴの進化はすさまじく、産業構造のドラスティックな変化は、私たちの生活を一変しつつある。これまで述べてきたようにビジネスモデルの変化は異次元と言ってよい。

だが、変化は前を見ることだけではない。これまで置き去りにしてきたものをもう一度、振り返り、そこに新しいビジネスモデルを構築する方法もある。新しいものを追いかけたくなるのは人間の常としても、前を向くばかりが能ではない。既存のビジネスモデルも、知恵と工夫によっては異次元のビジネスモデルに化けるのである。

日本経済を活性化する起爆剤は、農業だ。二〇一六年二月、アメリカ抜きで十一カ国によるＴＰＰ協定（環太平洋パートナーシップ）が結ばれ、日本は二〇一八年六月に関連法案が国会で可決し、成立した。トランプ大統領の鶴の一声で、アメリカはＴＰＰから抜けたが、それまでＴＰＰ交渉の最大の障壁は、アメリカが解放を迫り、日本の農業界が強硬に反対した農業分野における調整であった。これが解決しなければ、日本農業界が要望するＴＰＰは結べない。

そこで安倍政権は二〇一五年十月二十三日、三十四歳という若さの小泉進次郎議員を自民党農林部会長に抜擢する。〝進次郎人気〟を当て込んだ農家の説得役である。

手許の資料によれば、部会長就任当日、進次郎は自身のブログにこう書いている。

《ＴＰＰの大筋合意を受けて、日本の農業は大きな転換点を迎えました。農林部会長として、ＴＰＰで生まれる可能性をどう農業の成長産業化につなげていくか、また、ＴＰＰで影響を受ける農家の皆さんや関係者の皆さんにどう説明し、どう対策を講じていくか、重い責任を感じています。自分にできることは何かを考えながら、農林部会長としての職責を全うするために、農林業の体質強化に全力で取り組んでいきます》

これから日本の農業をどうしていくかということが真剣に論議され始めたのだが、アメリカがＴＰＰ参加を見送ったことで、改革の機運は急速にしぼみ、いまではまったくと言っていいほど論議されなくなり、旧態依然としたこれまでの農業界のままでいる。トランプ大統領のＴＰＰ不参加によって、日本農業界は新たなビジネスモデル構築のチャンスを逸したことになる。

だが、農林中金預金八十兆円の半分は不良債権

米を主食としながら、農家や農業の現状については、あまり知られていない。喜連川カントリー倶楽部については既に紹介したが、私がオーナーだった当時、ここの支配人をしていた男が、いまも近隣のゴルフ場に勤めている。ゴルフをやりに行くと、たまに顔を合わすことがあるのだが、彼は農家で一町五反歩（約四千五百坪）の田んぼを持っている。

で、先日。

「農家の景気はどうだい？」

茶飲み話にきくと、

「田植えやって、稲刈って、米を全部売って、税金払って、結局、年間で二十万円の赤字ですよ。だからこうしてゴルフ場で勤めているんですよ」

と苦笑いしていた。

一町五反歩も持っていても、農家は儲かるどころか赤字になってしまうというのだ。かつて農家は田んぼの仕事をしていたら食うに困らなかった。ところが、いまは田んぼの仕事をしていたらメシが食えないという。えらい時代になったものだが、それでいて、農林中金（農林中央金庫）は八十兆円もの預金を持っている。いったいどうなっているのかと思い、ある経営評論家に訊いたら、笑って言った。

「ナベさん、農林中金は八十兆円持っていると言っているけど、田んぼに担保つけて貸し出しているんだから、その半分は不良債権なんだよ。だって田んぼはタダ同然だから、資産価値はない」

無価値の担保で多額のカネを貸し付け、そのカネで倅が東京に家を買って、残るのは借金だけ。農家は延々と利息を払っていく。生涯を通じた上納システムは、私に言わせれば新興宗教やヤクザ組織とどこが違うのかと思ってしまう。

しかも、田植えから稲刈りまで全部、農協が機械でやってくれる。やってくれると言えば聞こえがいいが、要するに農協を稼働させるために農家は農業をやっているということになる。田植えも稲刈りもすべて、農協の仕事になっているのだ。

若手政治家のなかで、小泉進次郎議員にも期待しているのだが、彼が自民党農林部会長になっていみじくも、こう言った。

「農協から資材を買おうとすると値段が書いていない。農協の人間が聞いたら怒られるかもしれないけど、スーパー行って値段のないものを買いますか。農業の常識は他の世界の非常識です」

正論である。正論であるが、「非常識」がまかりとおるところに農協の力が見て取れる。言うまでもなく、農協が束ねる農家は自民党の大票田であり、それを農林部会長の立場でここまでハッキリ言ったのは小泉進次郎だけだ。そういう意味でも彼の手腕に期待していたのだが、アメリカがTPP不参加を表明して、農業改革は論議すら起こらなくなった。日本にとって、これはとても不幸なことだと思っている。

農業で食えなくなった日本の農家

安倍総理は二〇一三年五月、成長戦略第三弾として、農林水産業の強化や民間投資の拡大などを柱とする構想を発表した。

「若者が希望を持って働きたいと思える『強い農業』を作り上げる」

と、ブチ上げた。具体的には生産・加工・流通を一貫して「六次産業化」を進めるというもので、農業・農村全体の所得を十年間で倍増させるとの目標を掲げた。各都道府県に農地の中間的な受け皿機関を創設することで、農地を集積して生産性を高め、民間企業などに貸し付けるという。

これには私も大賛成した。農業を続ける人がいなくなったことで、耕作放棄地があちこちに生まれている。これをまとめ、大規模経営を目指す人たちに貸し付けることで生産性を上げる。株式会社にすれば、効率は飛躍的に上がるだろう。素晴らしい構想だが、ＴＰＰの交渉を控えた時期ということであっただけに、農家に対する懐柔策ともリップサービスとも揶揄され、安倍総理の〝本気度〟を懐疑する論調もあった。

このときから丸五年が過ぎた。農家の所得はどれほど上がったのだろうか。「六次産業化」はどこまで進展したのだろうか。各都道府県に創設するとした農地の中間的な受け皿機関は、いまどうなっているのだろうか。

私が農業に思い入れがあるのは、農作業の経験があるからだ。終戦翌年の一九四六年、両親を戦災で亡くした私は小学五年で栃木県足利市の織物工場に丁稚奉公するのだが、工場の主人は約千坪の田畑を持っていて農業も営んでいた。丁稚奉公の私は工場の仕事だけでなく、畑仕事にも精を出した。鍬で耕し、種を撒き、肥料をやる。野菜によっては土寄せもマメにやらなければならない。丹精込めて野菜を作り、収穫のときの喜びは畑仕事をやった者しかわからないだろう。

その田畑が耕作放棄地となり、荒れ果てている。食糧の自給は国の生命線であるにもかかわらず、また〝瑞穂の国〟として伝統を育んできた国であるにもかかわらず、日本の田畑は国の無策によって危機に瀕している。しかも、農協はその上に胡座をかいて権益を享受している。

そんな思いから、私は「農業特区」の構想を持っている。特区というと、加計学園の獣医学部新設問題で不正の温床のように思われてイメージが悪くなったが、国家成長戦略にとって欠かせない画期的なものである。

私が構想する農業特区は、たとえば関東の茨城、栃木、群馬の三県を農業特区にして、運営を民間会社にまかせる。大手スーパーや商社であれば、農産物の流通経路を確保しやすいため一石二鳥だろう。栽培するのはもちろん世界トップクラスの品質。日本の野菜も米も品質は高く、国内価格の十倍で海外に輸出できる。農業従事者は、それぞれ運営会社の新入社員の研修を兼ねて二、三年程度、派遣すればよい。「徴兵制」ならぬ「徴兵農制」で、私が兼ねて自論とするものだ。

この農業特区を全国展開すれば、地方は活性化し、過疎化も解決する。休耕地と過疎化の解決、食糧自給率のアップ、そして食の安全と農家の自立。すべてが解決する。

だが、大きな障壁がある。農業に権益を持つ巨大組織の農協の存在である。そしてこの権益に政治家と天下り役人が群がり、甘い汁を吸っている。権益を守るバリヤーが、「加計問題」でさんざん取り上げられた〝岩盤〟と呼ばれる各種規制で、これに風穴を空けるのが特区制度だが、そう簡単にはいくまい。農地法改正で、株式会社形態の農業生産法人を認めたが、まだまだ道半ば。厳しい規制（条件）をかけ、農業関係者以外に経営が支配されないようにしている。旧国鉄は慢性的に巨額の赤字をタレ流していたが、民営分割化してJRになったことで、経営は健全化した。農協をなくして民営化すれば、日本の農業は新しく生まれ変わるのである。

私たちが子供時代は、米さえ食べられればよかった。米は最高の食べ物だった。先夜、私は夢を見た。米俵は一俵六十キロだが、「これ、いくら？」と訊いたら、

「一兆円です」

と言われ、

「エッ！」

そこまで農業が発展したのかと驚いたところで目がさめた。

私たちが子供のころは、田んぼの仕事をしていれば食うに困らなかった。しかし現在は、田んぼの仕事をしてたら食うに困る。妙な時代になったものではないか。農家が農業だけで食えるようにしなければ、地方の活性化も、日本の未来もない。食えないから都会へ、東京へ出て行く。政府が本気で日本の将来を考えれば、解決策はあるのだ。

5

「人の役に立つ」という〝アナログ〟の努力

成功への最短距離を考える

これから、どんなビジネスが儲かるか。

必ずと言っていいほど、このことについて質問される。ＩＴ関連は成長産業であることは誰でもわかるが、成長産業だからといって誰もが儲かるかというとそうではない。成長産業であるということは、それだけ競争相手も多く、激しいということになる。

これまで繰り返し述べてきたように、どんな先端技術も、それをビジネスとして活かし成功させるのは人間であり、これは時代にかかわらず、普遍のことだ。

「よし、あいつを助けてやろう」

と、上司やクライアントに手を差しのべてもらえるか、

「あんなやつ、失敗すればいい」

と足を引っ張られるか。

同じビジネス環境にあっても、結果は天地の差になってあらわれる。

「どんなビジネスが儲かるか」

と発想するのではなく、

「対人関係においてどういう処し方をすれば成功するか」

という原点に還って考えることが、結局、成功への最短距離であるということを今一度、噛みしめるべきだと思う。時代は変われども、人間の感情はアナログであることに気づいた者が勝者になる。

学歴も、閨閥《けいばつ》もなく、幼くして親さえ失った戦災孤児の私がどうやって「世界第六位の富豪」にまでなれたのか。結論から言えば、「人の役に立つ」という努力を重ねたことで道は開けていった。縁の下の力持ちでいろというのではない。〝縁の下〟では陽は当たらない。のし上がって行くためには計算も打算も必要で、これを煎じ詰めれば「人の役に立つ」に行きつく。人の役に立つことを率先してすること――これが究極の打算なのである。

しかるに多くの人は、自分の役に立つことを第一に考える。だから伸びないのだ。

以下、思いつくままに、私が「人のため」に何をどうやってきたかを紹介しよう。現代という時代に通じる普遍の人間心理に気づくはずである。

打算でもいい、相手に喜ばれることを心がける

幸せと不幸は表裏の関係にあり、どっちが表でどっちが裏かは、その時々ではよくわからない。人生に芽が出ない原因を出自の貧しさや、劣悪な境遇、あるいは学歴のなさに求める人がいる。つらい思いをして育ったことはわかるが、そのことと社会的な成功は連動しない。苦労が糧になることもあれば、恵まれすぎた境遇であるがゆえに自分をスポイルすることもある。幸不幸は表裏の関係にあるというのは、そういう意味である。

私は終戦五カ月前の一九四五年三月十日、姉一人をのぞき、東京大空襲で両親と妹三人の家族全員を亡くした。深夜、B29戦略爆撃機約三百機の大編隊が、人口密集地帯であった東京の下町を爆撃。わずか二時間半で家屋の焼失二十六万八千戸、一千万人が家を失い、十万人の死者を出した。

そのころ私は新潟県北蒲原郡乙《きのと》村（現・新潟県胎内市乙）に学童疎開していて、一家の惨状を知るのは終戦後、姉が疎開先にやって来てからのことだった。何日も泣き明かしたことをいまも覚えている。実家は洋服の仕立屋で、「渡辺洋服店」を営んでいた。

父親の名前は吉之助、母親の名前はハツ。私は八人兄弟の次男として生まれたが、長男と上の姉二人が早くして亡くなったため、五人兄妹の中でたった一人の男子になり、可愛がられて育った。

それがいきなり、姉一人のほか全員が亡くなってしまい、小学校五年生だった私は、姉が半年ほど前から働いていた栃木県足利市の「モリハル織物工場」で丁稚奉公することになる。

境遇としては最悪だ。

だが、この境遇から這い上がっていくには知恵しかない。私はここで「気づかい」という人間関係術を学び、身につけ、それがのち生きてくることになる。

一方、順風満帆で育ってきた人間は、逆風のなかを進む知恵と根性がないため、風が止まって凪《なぎ》になると、たちまち立ち往生する。

一流大学出の若手生命保険の営業マンが、

「なかなか契約が取れないんです」

と悩んでいるので、私はこう言ったことがある。

「商品を売ろうとするからだめなんだ。どうすればお客さまに喜ばれるかを考える。赤ちゃんがいればオムツだって替えてあげる。掃除だって、洗濯だって手伝うくらいでなければセールスはできない。いくらパンフレットを配って歩いたってだめだよ」

私の言っている意味がどこまで通じたものか、彼は目を剥いて絶句していた。


丁稚奉公の仕事は、モリハル織物工場の主人の孫の子守りと、家の掃除、そして工場の手伝いだった。主人は学校へ通わせてくれると言ってくれたが、戦災孤児の自分は早く商売を覚えたほうがいいと子供なりに考え、丁稚奉公の道を選んだ。同級生たちが楽しそうに学校へ通うなか、私の考えていることは「どうしたら飯が食えるか」「どうしたらご主人に可愛がってもらえるか」「どうしたらご主人の目に止まるか」「どうしたら大事にされるか」……。生きるため、必死で知恵をしぼっていた。

それでも、まだ十一歳の子供だ。同級生たちのことが気になる。私は主人の孫を背負ってあやしながら小学校へ行ってみた。窓の外からそっと授業風景をのぞき見たときは、正直、つらかった。

あるとき、主人の奥さんが、

「麦踏みを頼みたいんだけど、誰かいないかしら」

と言った。モリハル織物工場の主人は農業も営んでいて、家の周りに三反歩（約千坪）の田畑を持っていた。

「僕がやります！」

私は真っ先に手を上げた。

「でも、喜太郎は子守りがあるでしょう」

「大丈夫です。足はあいていますから」

咄嗟に答えていた。

実は、私には計算があった。家にいる主人から畑が見通せる。赤ん坊をおぶったまま、麦踏みに精を出す姿を主人は必ず目にする。

（頑張って麦踏みをすれば褒美の駄賃がもらえる）

と、私は瞬時に考えていたのだった。

これは打算だ。だが、赤ん坊をあやすこと、麦踏みをしっかりやることは相手の役に立つことである。だから喜ばれる。「褒美の駄賃をもらうために頑張って麦踏みをやる」と考えるのではなく、「頑張って麦踏みをしたら褒美の駄賃がもらえた」と考える。目的を達成するために努力をするのではなく、努力をしたら目的が達成できたというように、主客を転倒して努力を続ければ必ず報いられるということを、私はこうした経験をとおして体得していく。

主人は褒美の駄賃をくれただけでなく、

「ウチの喜太郎は素直でよく働くんだ」

と目を細め、私のことをあちこち触れ回ってくれたおかげで、近所の農家の麦踏みなど、いろんな細々とした手伝いを依頼されるようになっていく。

信用を築く、ということはどういうことなのか

人間関係において、「頼まれる」ということが何より大事だ。「頼まれる＝信用」であり、頼まれごとをコツコツと積み上げていった先に信用が築ける。子供だった私がそこまで考えたわけではない。自分の手伝いが役に立ち、喜んでもらえることが嬉しかった。

いま、当時を振り返れば、

（みんなを喜ばせることによって自分は大切にされる）

という知恵を、孤児の私はいつのまにか身につけていたのだろう。

会社勤めをしている人の不満を聞くと、雑用を押しつけられるとか、上司の踏み台にされるといったことを、よく口にする。私に言わせれば雑用結構、上司の踏み台結構ではないか。「頼まれる」は信用を築くチャンスだと思えば、価値観も処し方もまた違って見えてくることだろう。「視点を変える」が大事なのである。

私は子供ながら、いや孤児であったからこそ、そのことに気づいていたのだろう。仕事の区別は意識せず、頼まれるままに何でもやった。困っている人がいて、自分が役に立つ。ここに自分の存在感と喜びがあった。田植えの手伝い、雑草取り、稲刈りといった農家の仕事から、塀の修理といったことまで、頼まれるまま私は汗を流した。

孫の成長で子守りから手が離れると、三反の田畑をまかせられた。いまは機械化されていて、耕作機械があれば一人でも大丈夫だが、当時は鍬で畑を耕す。化学肥料もなく、肥溜めから糞尿を入れた桶を天秤棒で担いで運ぶ。雑草は鎌で刈り、指で引き抜く。収穫も手作業である。日々の農作業は朝早く起きて工場へ出る前に、まとまった作業は工場が休みのときにやった。遊びたい盛りだったはずなのに、こうして頑張るところに自分の存在価値があると、いま振り返れば少年なりに考えていたのだろう。

いくら昔とはいえ、糞尿を天秤棒で担いで運ぶのは子供心にも恥ずかしさがあった。あるとき、あこがれていた女学生が自転車で通りすぎた。チラリと私を見た。恥ずかしくて、全身から汗が噴き出したことをいまも忘れない。

効率よく立ち回るというのは、〝土台〟をないがしろにしかねない

人間が頭角をあらわす第一歩は、「よくやってくれる」から「いなくては困る」に存在力を高めることだ。これも打算が先に立ってはだめで、「人の役に立ちたい」という思いが大前提でなければならない。私は機械の修理で、周囲に一目置かれるようになっていく。

栃木県足利市は織物の盛んな土地だ。モリハル織物工場は、主に「足利銘仙」を製織していたが、戦時中、織機が軍事資材として国に供出させられたため、工場には六台し

かなかった。私は織機に興味を覚え、まだ子守りをしていたころからじっくり観察し、近所の機屋に出かけて勉強もし、織機の仕組みをすべて覚えてしまった。

そして奉公に入って二年が経ったころのことだった。モリハル織物工場にも十二台の織機が国から返却されるのだが、赤サビだらけで使いものにならない。これを私が解体し、サビを落とし、油を差し、ペンキを新しく塗って組み立て直したのである。

これには近所の同業者たちが驚き、

「モリハルさんところの喜太郎ちゃんに頼めば、なんでも修理してくれる」

と評判になり、次から次へと修理を頼まれることになる。足利の機屋で「モリハルの喜太郎」を知らない業者はいなくなった。私が中学二年生のころである。

振り返れば、このとき私は修理を商売にしてもよかったと思う。当時、モリハルの工場で働く男性は三人しかいなかった。主人、病弱な若旦那、それに私だ。将来性のある職場ではない。私に山っ気があれば、ここがチャンスとばかり、修理業を立ち上げてもよかったはずだと、いま振り返って思う。

だけど、そうはしなかった。結果論になるが、モリハルでの経験が、私のビジネスにおける原点として培われていく。現代はＩＴ関連を中心として起業の時代だが、安易な起業は結局、成功しない。機を見るに敏であることはもちろん大事だが、目先の損得ばかりにとらわれると失敗する。なぜなら、効率よく立ち回るというのは、土台をないがしろにして家を建てるようなものであるからだ。いまの時代、「辛抱」という言葉はアナログになってしまったが、それは違う。効率勝負という時代風潮だからこそ、辛抱というアナログ的な〝逆張り〟が生きてくる。

私は夜中まで身を粉にして働いた。朝明けやらぬうちに起きて掃除を済ませ、五時半には機屋に入って織機を下ろし、八時にベルが鳴って朝食、三十分後には仕事を始めている。昼食と晩飯がそれぞれ三十分ずつで休憩はない。夜中まで織機を動かし、夜中になってから機械の保守点検をやる。休日は主人の畑を耕し、近隣の工場から頼まれて機械の修理に出かける。努力は決して裏切らない。おかげで銘仙の織り方も、反物の目利きもマスターした。

「喜太郎、この素材は何だ？」

主人に訊かれると、すぐに拡大鏡で反物をチェックし、

「縦糸は絹ですが、横糸は人絹《じんけん》です」

即座に答える。

これなら大丈夫だと主人に見込まれ、問屋から糸の買い付けをまかされるようになる。販売価格を決めるには、糸の買い付けから染めまで製造予算が弾き出せなければならない。私は糸屋に出向き、何百とある糸の種類や値段を調べた。染め物屋にも足を運び、染色の技術や作業時間などを学んだ。こうして私は問屋との交渉術をマスターしていく。

実質的にモリハルは私が切り盛りしていたが、丁稚奉公である。衣食住には困らなかったが、給金はほとんどない。七年間の奉公で給料がもらえたのは最後の一年間だけで、それもわずかに二百円。ラーメン一杯が三十円の時代。六杯食べたら一カ月分の給料がなくなってしまった。

それでも私は不満も不平もなかった。頼りにされている、喜んでもらえるということが嬉しかった。「働き方改革」の現代感覚では考えられないことだろう。いまの若者であれば三日どころか、半日で飛び出すに違いない。だが、このモリハル時代がなければ、

のちの私はない。

転機は一九五二年、十八歳のときに訪れる。問屋の倒産のあおりを受け、モリハル織物工場の手形が不渡りになってしまった。私は主人に代わってカネを借りに訪ね歩いた。倒産した問屋と手形の買い戻し交渉もした。早い話が借金取りである。イヤな役目だが、このとき商売の厳しさと恐さを知った。私のビジネスの原点は、ここにある。モリハルで頑張った七年間がビジネスの糧になっている。結果論と言うかもしれない。だが、結果論でないことが世のなかにあるだろうか。

モリハルは立ちゆかなくなり、私は、私を見込んでくれた資産家の援助で、小さな織物工場を始める。十八歳で独り立ちした私は意気軒昂だったが、足利の織物産業は衰退期に入っていて、商売は思うようにいかなかった。取引先の問屋が倒産。受け取っていた手形が不渡りになり、私は工場を閉める。

思ったほどのショックはなかった。私は東京大空襲で姉以外の家族をすべて失い、そのことすら終戦まで知らないでいた。人生は何が起きるかわからない、いや何が起きるかわからないのが人生だという思いが、このとき私の潜在意識に刻まれたのかもしれない。

人間の意志と関わりなく、人生の歯車は回っていく。これを現実として受け入れることのできる人は、不平不満と無縁でいられ、常に人生に前向きでいられる。

工場を閉鎖した私は上京を決意する。この年の六月二十五日、金日成率いる北朝鮮が国境の三十八線を越えて韓国へ侵攻。朝鮮戦争が始まり、日本は米軍の〝後方支援基地〟として戦争特需に沸く。二〇一八年六月、史上初の米朝トップ会談がシンガポールで開かれた。ニュースを見ながら、北朝鮮の韓国侵攻と、私の人生のターニングポイントが同じ年であったことに思いを馳せ、いささか感慨深いものがあった。

「人の役に立つ」という処し方が道を切り拓く

私は新聞の求人広告を見て、江東区にあった「日東内燃機株式会社」に就職する。新車のオートバイを販売する会社だったが、一年足らずで経営難に陥ったことから、やはりオートバイメーカーの販売店「江東トーハツ株式会社」に営業職として転職する。これからは自動車、オートバイといったモータリゼーションの時代が来ると考えてのことだった。

当時、モータリゼーションといえば、先進性において現在のＩＴ産業のようなものだ。だが、いくら時代を読もうとも、基本は人間関係であり、「人の役に立つ」という処し方が道を切り拓いていく。

江東トーハツの営業職は歩合制のコミッションセールスだった。新人営業マンは新規の客を開拓していかなければならない。飛び込み営業しても、そう簡単には売れない。そこで考えたのが「人の役に立つ」である。見込みがありそうな客に目星をつけると、朝早く家に行き、庭掃除をする。いまと違って当時は人間関係が大らかで、営業マンとわかっているので、家の人は警戒しないで掃除をやらせてくれる。しかも掃除は、モリハルの丁稚奉公時代に七年間も毎朝やっていて手馴れたものだ。掃除のあとをひと目見れば、「ありがとう」と、思わずお礼のことばが出るほどの出来映えでもある。

ターゲットはご主人だが、将を射んと欲すればなんとやらで、まず奥さんと親しくなる。ただ、若い私が出入りすることで、ご主人からあらぬ疑いを持たれたのではまずい。そこで庭掃除だけでなく、いろんな雑用を引き受ける。ちょっとした大工仕事もやる。幼い子がいれば、幼稚園や学校の送り迎えもする。便利屋になる。ここまでやれば、たいていのご主人は、

「よし、買おう」

ということになるだけでなく、自分の友人を紹介してくれる。

これが大きい。

モリハルで織機の修理をしたときと同じで、信用は人の口を通じて広がっていく。販売成績はうなぎ登りで、営業マン一人が月二台平均という時代に、私は毎月十五台は売っていた、オートバイを一台売ると五千円のコミッションがもらえる。当時、大卒の初任給が七千円だから、二台売れば楽な生活ができたが、私はその十倍――八万円を稼いでいた。いまの貨幣価値で言えば、月収は二百万円以上ということになる。庭掃除が功を奏したのではない。

庭掃除を媒介とした人間関係が成果につながったのである。

扱う製品はオートバイという最先端商品だが、手法は丁稚奉公時代を踏襲している。興味が沸き、これをさらに徹底しようと考えた。家庭の主婦は何に困っているか。いろいろ聞いてみると、

「家電が欲しいのだが、買おうと思っても近くに電気店がないのでこれが不便だ」

という声が多かった。

当時——一九五〇年代後半は敗戦から十年が経って日本の復興が急ピッチで進み、家電ブームが起きていた。テレビ（白黒）・洗濯機・冷蔵庫の家電三品目は「三種の神器」として喧伝された。

だが、買える店が少ない。そこで私は、お客さんが買いたがっている家電を聞き出し、当時、両国あたりに軒を連ねていたバッタ屋に出かけて行くと、現金で半値に買い叩き、それを定価の七掛けでお客さんに売る。私は差額の二割が儲かり、しかもオートバイの販売にもつながる。バッタ屋もよし、お客さんもよし、この私もよしで、三方まる得のアイディアだった。

さらに、お客さんに手持ちの現金がないときは、文房具屋で用紙を使って分割払いの手形を作り、お客さんにハンコを押してもらい、それを銀行に持ち込んで額面の半分くらいのカネを借り、そのカネで商品を仕入れに行く。モリハル時代、不渡りをくった手形の買い戻し交渉したときの経験が、まさかこういう形で役に立つとは思いもしないことだった。分割販売もやった。当時、家電製品を分割で売る店はなったから、これは喜ばれた。

繰り返しておくが、「人の役に立つ」とはニーズを満たしてあげることであり、ニーズを満たし、喜んでいただければ結果としてビジネスにつながっていく。詳しくは次章で紹介するが、ビジネスとは人間関係であるというのが、私の変わらぬ信念なのだ。

一九五六年二月、二十二歳の私は佳子と結婚する。子供のころ、私が学童疎開していた乙小学校の同級生だった。

まず相手のフトコロに飛び込む

結婚した年の八月、私は港区麻布十番二丁目に麻布小型自動車株式会社を設立する。

知り合いだった戸羽自動車の店主が交通事故で亡くなり、やがて倒産するのだが、私が経営を手伝っていたことから、この会社を引き継ぐ形で、新しく麻布小型自動車株式会社を設立したのである。

当初は新車のオートバイを販売していたが、クルマの時代が来ることはわかっていた。オート三輪車、そして四輪車を扱うようになり、東京マツダ販売のサブディーラーになった。いまはまだ庶民にとって夢のまた夢で、客というパイは小さい。他社の営業マンと同じことをやっていたのでは勝てない。どうするか。私は江東トーハツ時代に成功した「庭掃除」を武器にした。「売る」のではなく、まず相手のフトコロに飛び込む。だが、これまでと同じ手法では能がない。しかもクルマは高価だ。私は戦略を練り、麻布十番の地主や商店街の顔役といった富裕層をターゲットにした。朝五時、私はホウキを手に持って家を出る。妻には理由を言っていないので、ボランティアで通りでも掃除するくらいに思っていたようだ。

豪邸に出向くと、庭から表までを掃除して水を打つ。掃除はお手伝いさんの仕事だから、水を打ってあれば、「あれ?」と思う。これが二日、三日、四日、五日と続くうちに、誰かが朝早く来て掃除していることに気がつく。

「私が掃除しています」

とアピールしたのでは打算になる。あくまでも陰徳――陰で隠れてする善行だから意味がある。この精神はモリハル時代に培ったものだ。そのうち何かの拍子で私が毎朝掃除していることを、お手伝いさんたちが知る。自分たちの代わりに掃除をしてくれているのだから、彼女たちは喜び、感謝する。これもまた「相手の役に立つ」である。

「庭掃除をしてくれる麻布小型自動車の渡辺さんは、とってもいい人」

という評判が立てば、家の奥様もそれを知るところとなり、

「毎朝ご苦労さま。朝ごはんを一緒にどうですか」

と、ご招待がかかったりするようになる。

ここまでくればしめたもので、ご主人に引き合わされ、クルマが売れることになる。そして、ここでも前述のように知人を紹介してくれ、「麻布小型自動車の渡辺」は口づてに富裕層の間に拡散していくことになる。売ったらお終いではなく、冬場に雪が降ればば屋敷に駆けつけ、クルマが車庫から車道に出られるように雪かきをする。こうしたキ

メ細かな「相手の役に立つ」がさらなる評判を呼ぶというわけである。

福は禍のタネになり、禍は福のタネになる

新車だけでなく、中古車販売も手がけ、会社は順調に売上げを伸ばしていたが、ひょんなことから急成長を遂げることになる。このときのことを振り返るたびに、ビジネスの成否は人間関係と、〝理外の理〟で動くということを痛切に思う。庭掃除は「相手の役に立つ」という思いと計算からの行動だが、次の場合はそうではない。湖面に一石を投じれば波紋が広がっていくように、行動には必然的に何らかの結果が伴う。それが吉と出るか凶と出るか、本人の思惑と関わりのないところで人生の歯車は回る。

一九六〇年代当時、乗用車の性能は日産車が一番だと言われていたので、東京日産自動車販売の中古車販売部に日参し、取り引きさせてもらうことになった。「日産」という名称を冠しているが、当時の東京日産自動車販売は、日産自動車とは資本系列が別で、東証一部上場の独立会社。メーカーを凌ぐほどの力を持っていた。

ここと取り引きすることで、さらなる飛躍を期待したのだが、意に反して月に二、三

台しか仕入れることができない。理由は古参の同業者たち。彼らの力が強く、新参者は容易に食い込むことができなかったのである。

だが、手をこまねいているわけにはいかない。考えたすえ、東京日産に無断で「東京日産指定販売店」という看板を掲げることにした。指定を受けているわけではないが、取り引きがあることは事実。ウソではないがホントでもないという微妙な看板である。

これが思わぬ波紋を呼ぶのだ。

ある朝のこと。年配の紳士が運転手にビールケースを持たせ、私の会社にやって来て、こう自己紹介した。

「私は東京日産自動車販売の吉田だが、このビールをみなさんで飲んでください」

吉田？　東京日産の吉田といえば会長ではないか！

息を呑んで目を白黒させている私に、吉田政治会長が穏やかな声で言った。

「私の住まいはこの近くなんだ。通勤途中、たまたま看板を目にしてね。頑張ってクルマを売ってくれてありがとう」

吉田会長はこれから出社するのだろう。それだけ告げて帰って行った。

私は困った。ウソではないがホントでもないという微妙な看板である。会長には細かいことはわからないからいいとしても、東京日産が知ることになれば問題になる。少なくとも古参の同業者たちは黙ってはいまい。

どうしたものかと頭を悩ましていた数日後、何と吉田会長からご自宅に招待されたのである。行かないわけにはいかない。覚悟して、プールのある邸宅へおうかがいすると、

「商売のために無断で社名を利用させていただきました。誠に申し訳ありません」

私は正直に話し、詫びた。

この態度に会長は好感を持ってくれたのかもしれない。なぜこのビジネスを始めるに至ったのか会長が問い、問われるまま私は戦災孤児であったこと、足利市で丁稚奉公したこと、さらに上京して今日までのことを話した。会長は大きくうなずきながら話を聞いてくれた。

翌日、私の人生は急展開する。

東京日産の中古車販売部長を務めていた内山清さんが私の会社に駆けつけて来て、

「今朝の役員会で会長から指示がありまして、これから麻布小型自動車は特約店として一番の取引先と同じ扱いにします」

と言った。こうした経緯があり、私の会社は急成長していくのである。

いま振り返れば、いくつもの「もしも」が織りなす偶然である。もし私があの看板を掲げなかったなら、吉田会長が目にすることがなかったなら、ビールケースを持って私の会社に訪ねてこなかったなら、邸宅に招待されていなかったなら、私が正直に打ち明けなかったなら、そして私が戦災孤児でなく、丁稚奉公でもなかったら……。これらの「もしも」のどれ一つ欠けても、のちの「麻布自動車」はない。

戦災孤児と丁稚奉公の話をすると、誰もが「苦労したんですね」と言ってくれる。だが、苦労した過去、不運に見える過去が私を飛躍させることになる。

『禍福は糾《あざな》える縄の如し』とは、「禍福は交互にやってくる」という意味だが、私はこうとらえている。

「福は禍のタネになり、禍は福のタネになる。禍福は常に表裏の関係にある」

言葉を変えれば一喜一憂するなかれ、ということなのだ。

人間社会はどこまで行ってもアナログであることを忘れてはいけない

高度経済成長の波に乗って、モータリゼーションは地方にも押し寄せ始め、私はこれに目をつけ、地方の中古車を扱う業者をターゲットにした。店頭で一台ずつ売るのは高が知れている。業者に大量販売したほうが効率がいい。その方法としてDMを使用した。中古車販売にDMを用いたのは私が最初だった。毎月一万通を送ったが、これが功を奏し、各地から押し寄せるようにして業者がやってきたのである。

業界の動向を読み、販促ツールを研究し、ビジネスモデルを考えるのは経営戦略である。経営戦略は当たった。だが、この経営戦略を成功に導いた原動力は、相手の感情を揺さぶる接し方だったと思う。

地方の業者たちは早朝五時ごろ、私の会社にやって来る。昼間の仕事を終えてから、買付の現金をフトコロに夜行列車でやって来るからだ。妻が業者のために食事を作って出した。これが業者に喜ばれ、食事のあとでクルマ置き場に案内すると、彼らは気前よく四台、五台とまとめて買ってくれる。打算で食事を出したわけではなく、朝一番で来ていただいて腹も減っているだろうという思いやりからはじめたことが、結果としてビジネスにつながったということになる。

地方の業者は忙しい時間を割いて上京してくる。それに応えるため、すぐに区役所で仮ナンバーを取る。業者はそのうちの一台を運転して帰り、残りはレッカー車で送る手配を私の方でする一方、手にした現金を持ってクルマを仕入れに走る。これだけのことを一日でこなす会社はそうはなく、業者から信頼を得てさらに売上げは伸びていった。

東京日産自動車販売だけでなく、東京トヨタ自動車販売、東京マツダ自動車販売からも仕入れた。多いときは一カ月に五百台を売り、中古車販売数で全国ナンバーワンになる。社名を麻布自動車産業に変更し、足利、熊谷、青梅、練馬など営業所を次々に開設。グループ全体で従業員は百六十人に増えていた。

一九六九年、東京マツダ販売の石塚秀男社長を団長として、アメリカのデンバーで開かれた全米オートオークション協会の大会に参加する。アメリカでは、クルマは一家に一台ずつある。このとき自動車産業の未来を私は確信したのだった。

こうした背景があって、私はクルマ置き場として三百五十坪の土地を清水建設の役員から購入、それが瞬く間に暴騰した話は既に紹介したとおりだ。一九七〇年、鉄筋コンクリートの九階建ての本社ビルを鳥居坂下に建てる。そしてその八年後、麻布自動車産業は麻布建物株式会社へと二度目の社名変更を行い、不動産へ本格的に乗り出していく。

私は努力したと思う。ビジネスを成功させるために根限りの努力をした。だが、それはカネ儲けのためだけでなく、根底に「相手に喜んでもらいたい」という気持ちがあってのことだ。こう言うと、きれいごとに聞こえるだろう。聞こえて当然だ。私は聖人君子ではない。ただ、戦災孤児だった当時、生き延びていくには、相手に喜んでもらうことが何より大事だということが、子供ながらにわかっていた。それが身体に染みつき、いつしか私の性分になっていったのだと思う。

人の笑顔が、私は好きだ。私も笑うのが好きだ。ビジネス環境はＡＩの時代になろうとも、人間社会はどこまで行ってもアナログであり、だからこそ「あなたのため」という素直な気持ちが人生を切り拓いてくれると、私は経験を通じて思うのである。

6

運は、人が運んでくる

AIはどんなに進歩しても、「運を運んでくることはできない」

人生は「運」が左右する。

このことに異論を唱える人はいないだろう。努力に成果が比例するなら人生は楽だ。人の二倍、三倍努力すれば成功は約束される。だが現実は、そうはならない。努力してなお、芽が出ない人間がいる。苦労して、苦労して、苦労のうちに人生を終えていく人間も少なくない。反対に、運に助けられ、さしたる苦労をすることなく、上昇気流に乗って天高く上がっていく人間もいる。努力はしているのだろうが、努力以上の成果を得る。

これが現実だ。

では、「運」とはいったい何なのだろうか。「運」は運《はこ》ぶと読む。何が運んでくるかというと、人間である。人間が「運」を運んでくるのだ。AIはどんなに進歩しても「運」を運んでくることはできない。なぜなら、人間社会で生きていくということは、人間との関わりで生きていくことを意味するからだ。人間とは不可思議な存在で、好悪は感情という非論理的なもので決まる。そして好悪は、ときに打算にも勝る。

したがってビジネスで成功し、人生の勝者になりたければ、徹底して人間関係を大事にすること。これが古今東西を問わず、普遍の王道であることを、私は実体験をとおして断言する。

私がいかにして人に助けられて生きてきたか、次に紹介したい。世話になった人は大勢いらっしゃるが、次の方々は人生の節目になった人であり、いかにして「世界第六位の富豪」になれたか、その理由を読み取っていただければ幸いである。

運に恵まれるとは、人に恵まれるということである

麻布自動車グループはバブル崩壊によって破綻するが、それに先立つ二十数年前に一度、経営危機に陥っている。一九七三年の第一次オイルショックのときである。この年の十月六日、第四次中東戦争が勃発。これを受け、石油輸出国機構（ＯＰＥＣ）に加盟するペルシャ湾の六カ国が原油公示価格を七十パーセント引き上げる一方、アラブ石油輸出国機構（ＯＡＰＥＣ）が、原油生産の段階的削減を決定する。当時、日本は田中

内閣の列島改造ブームでインフレーションが発生しており、石油価格の上昇はこれに拍車をかけることになった。物価は高騰。インフレ抑制のため公定歩合が引き上げられ、日本は戦後初のマイナス成長になった。

クルマは売れなくなった。のち麻布自動車の本社ビルになるのだが、自動車保管用ビルを東麻布に建てたばかりでもあり、資金繰りが苦しくなって麻布自動車グループは経営危機に直面する。この危機に救いの手を差しのべてくれたのが、日産自動車社長の石原俊さんだった。石原さんのお声がかりで、日産部品東京販売が自動車保管用ビルなどを借りてくれることになり、その賃料で何とか危機を脱出する。石原さんがいなければ、この時点で麻布自動車グループは姿を消していた。

では、なぜ石原さんは私を助けてくれたのか。

人間関係である。

「渡辺を助けてやろう」

という石原さんの情が麻布自動車グループを救った。

石原さんは日産自動車社長、日本自動車工業会会長、経済同友会代表幹事、そしてサッカーのW杯日本招致委員会会長などを歴任した大実業家である。そのシビアな経営感覚の持ち主でさえ、感情で動くところに人間関係の本質を見て取れる。

石原さんと初めて会ったのは、日産の販売店のオープニング・パーティーだった。米国日産の社長を勤め上げ、本社専務になっていたが、このときは私と親しいわけではなかった。ところがその後、偶然にも横須賀の「佐島マリーナ」で再会したことから、急速に親しくなっていく。

私は釣りが好きで、ボートを趣味にしていた。最初は11フィート（約3・3m）のヤマハのボートを買って江戸川で遊んでいたが、会社の成長とともに小型ボートはクルーザーになって、東京湾から沖に出て釣りを楽しんでいた。船を趣味とした縁で、俳優の森繁久弥さんと知り合うのだが、森繁さんが設立メンバーの中心となって一九六五年、三浦半島の佐島にマリンリゾート「佐島マリーナ」を建設。私もこのメンバーになり、船を係留するのだが、石原さんも海釣りが好きで、ここに係留していた。お互い〝釣り好き〟〝船好き〟ということで意気投合したのである。

話が少しそれるが、趣味は人脈を作る。同好の士であり、仕事を離れた付き合いには利害関係がないため、素《す》の自分でお付き合いできる。ここに友情が芽生え、結果として人脈になっていくのだが、同じ趣味を持つなら、お互いがサポートを必要とするものがいい。私はゴルフも趣味にしていて、ゴルフを通じて多くの人と知り合ったが、これは個人プレーであってサポートすることはない。

だが、船で沖に出る海釣りは違う。お互いが協力して操船する。二人きりになれば、会話は自然とお互いの人生に立ち入ることになる。こうして絆はより深くなっていく。バブル崩壊後、大恩人となるセコム創業者の飯田亮さんも、この「佐島マリーナ」で知り合った。海釣りを趣味にしていなかったなら、私の人生はどうなっていただろう。人間関係という縁の不思議さを思わないわけにはいかない。

余談ついでに紹介しておけば、日産自動車労働組合の塩路一郎さんも「佐島マリーナ」に係留していた。日本の労働運動家にして、自動車総連会長。日産自動車で「塩路天皇」の異名を取るほどの権勢をふるっていた。「佐島マリーナ」は塩路さんが先に利用していて、そこへ石原さんがあとから入ってきた。労使の代表が同じマリーナに係留するのだから、お互い、〝同好の士〟というわけにはいかず、当初から険悪な関係だった。両人をよく知る私は、二人を仲よくさせようと飲み会などもやったが、うまくいかなかった。

一九七七年、石原さんは専務から社長になり、海外進出を押し進め、イギリスに工場建設を計画したところが、労組委員長の塩路さんが反対したことから二人の大抗争に発展していく。そのころ、石原、塩路の両人をまじえ、仲間たちとカツオ釣りに出かけたことがある。大島・波浮の港に留めた船のなか、二人の言い争いは、それはすさまじいもので、

「塩路さん、それ、言いすぎじゃないか」

と私が間に入って止めたほどだった。

『呉越同舟』は、仲の悪い者同士や敵味方が同じ場所や境遇にいることの意味に用いられるが、本来は、仲の悪い者同士でも同じ災難や利害が一致すれば協力したり助け合ったりするたとえだ。私はそうあって欲しいと願って両人を誘ったのだが、うまくいかな

った。

そんな関係もあって、私は労働界から引退した塩路さんを会社の顧問として厚遇で迎え、五年間ほどマンションのコンピュータシステム導入の仕事をお願いした。


当時、日本警備保障という社名だったセコム創業者の飯田亮さんとは、当時、新しく建設された「逗子マリーナ」で知り合った。時期が前後するが、一九七一年のことで、マリーナとマンションが一体化した立派な施設が建設中で、ヘリコプターから見てひと目で気に入り、すぐに申し込んだ。飯田さんは「逗子マリーナ」のオープンが初対面ですぐに気が合い、それ以来のお付き合いだ。警備会社はいまでこそ日本のセキュリティーに欠かせない重要な役目を担っているが、当時は首を傾げるようなビジネスで、

「こんな治安のいい国なのに、どうして警備会社なの？」

と、「逗子マリーナ」の私の部屋で質問したことを覚えている。飯田さんは笑っていたが、こういうのを先見の明というのだろう。

バブル崩壊後、私が経済事件に巻き込まれて逮捕されたとき、多くの人が離れていく

なかで、飯田さんはずっと力になってくれた。私は現在、麻布十番界隈に貸しビルを所有して年間二十億円の賃貸収入があり、悠々自適の晩年を過ごしているが、バブル崩壊後の精算において飯田さんの尽力がなければ、私は丸裸になっていた。

ビジネスとは利害関係のことを言う。ビジネスだけの人間関係は、「利」があれば近づき、「害」になると思えば離れていく。だが、ビジネスだけでなく、一個人としてつながった関係は、そうではない。運に恵まれるとは、人に恵まれるという意味がおわかりいただけるだろう。

信用はマネー以上の価値を生む

国産中古車販売でナンバーワンになった麻布自動車グループは、さらなる成長を目指し、高級外車販売へと転換をはかった。ヨーロッパ製の新車は並行輸入すると、日本の総代理店の販売価格よりかなり安く購入できた。大手食品会社「キッコーマン」の子会社に「太平洋貿易」という商社がドイツのデュッセルドルフにあり、ここを通して輸入することにした。

一番人気は、何といってもメルセデス・ベンツだ。修理のこともあり、ベンツだけは並行輸入でなく正規販売にしようと、私は東京・三田にあるヤナセ本社に梁瀬次郎社長を訪ねた。ヤナセは日本におけるベンツの総代理店だった。「特約店にしてほしい」という直談判である。

「わかりました」

と、その場では了承してくれたのだが、調べてみると、麻布自動車グループと同じ東麻布エリアに特約店が既にあった。これでは無理だ。やむなく私は並行輸入することにして、そのことを梁瀬社長に告げ、了承を求めた。了承など本来は必要はないのだが、高級外車販売の先駆者である梁瀬さんに敬意を表し、筋を通したのである。

これに対して梁瀬さんは

「私が『やるな』と言うわけにはいかない。ま、しょうがないんじゃないか」

と言ってくれた。

自分ではわからないが、たぶん私の率直な態度に好感を持ってくれたのだろう。私のことを可愛がってくれるようになる。

一、二カ月に一度はヤナセの社長室に顔を出した。銀座クラブにもよく連れて行ってもらった。並行輸入は総代理店にとって目障りな存在で、修理部品などを売ることはあり得ないのだが、梁瀬さんは麻布自動車には売ってくれた。度量の大きさであると同時に、人間関係の賜物であった。こうして付き合いを深め、梁瀬さんはハワイにゴルフ場を所有していたので、よく一緒に回った。

麻布自動車グループは一台一千六百万円〜一千八百万円するベンツを、ひと月に五十台以上売った。並行輸入の原価は一千万円前後。これに税金など諸費用百万円を払って、利益は一台あたり六百万円ほどになり、五十台売れれば月に三億円の儲けになる。並行輸入は、総代理店のヤナセにそれだけ多大な迷惑をかけていることになるわけだが、梁瀬さんは私と親しく付き合ってくれたばかりか、これまでどおり部品を売り続けてくれたのだった。

そんなある日のこと。

梁瀬さんが神妙な顔で、こう言った。

「ナベちゃん、裏ばっかりやってないで、表の仕事もやんなきゃいけないよ」

裏とは並行輸入、表は外国メーカーから認証された正式な輸入代理店。並行輸入は儲かるだろうが、正式な輸入代理店にならなければ社会的な信用は得られず、長い目で見たらマイナスになる――そういう諭しだった。目先の利益ばかり追っていたのでは、いずれ行き詰まる。

麻布自動車グループの将来を案じてのアドバイスに、私はただ頭が下がるばかりだった。梁瀬さんのこの言葉がなければ、麻布自動車グループは〝並行輸入業者〟で終わっていたかもしれない。

私はさっそく、英国のアストン・マーチン、米国のクライスラーの代理店になった。アストン・マーチンは英国を代表する高級スポーツカーで、何台も作れない。日本への割り当ては年間三十台ぐらいで、しかも高価なため、それほど売れるクルマではない。クライスラーも赤字が続いた。

しかし、梁瀬さんが言ったとおり、これら知名度のあるクルマの正規代理店になることで、麻布自動車グループの信用は一気に上がっていくのだった。

信用はマネー以上の価値を生むということを、私は身に染みて感じるのだった。

外車販売を通して、三越の岡田茂社長と知り合い、深く付き合うことになった。

多少のリスクがあっても〝お願いに応える〟という処し方

縁というのは不思議なものだ。

求めて得られるものではないと同時に、求めなくても縁のほうからやって来ることもある。

クライスラーのクルマを扱うようになるのは、国際興業の小佐野賢治さんに頼まれたからだが、小佐野さんとの出会いは、秘書がかけてきた一本の電話だった。そしてのち、私は小佐野さんの指南を得て、不動産投資に乗り出していくことになる。

人生は、出会いというちょっとした縁によって思いもかけないほうに転がっていく。これを人生の不可思議と受け取り、面白がり、足を大きく前に踏み出すことによって縁は活きてくる。小佐野さんとの出会いは、私の人生のなかでも大きな出来事の一つだった。

一九八三年のある日のことだった。

小佐野さんの秘書から突然、電話がかかってきて、

「ウチのオーナーが会いたがっているので、ご足労願えないか」

と言った。

（えっ、あの小佐野賢治！）

という驚きが私の率直な感想だった。

小佐野賢治は、観光バスや路線バスで知られる国際興業の創業者で、田中角栄元総理の〝刎頸の友〟としてロッキード事件で有名になった。一九七六年、衆院予算委で証人喚問され、「記憶にございません」を連発して野党の追及をかわした。その風貌と相まって「昭和の政商」と呼ばれた。私とは何の接点もない。その小佐野さんから「会いたい」と言われたのだから、驚き、面くらい、興味が沸いてきた。

「承知しました。手土産をお持ちしたいのですが、小佐野さんは何がお好きですか？」

秘書に問うてみると、

「本社隣の八重洲富士屋ホテルは小佐野がオーナーをしておりますが、ここのケーキをお持ちになると喜ぶと思います」

と教えてくれた。

手土産は儀礼的なものだが、儀礼的であるだけに、ちょっとした気づかいに相手は頬をゆるめる。麻布で富裕層の家に早朝出かけて行って庭掃除を始めたとき、私はライオンバターボールという高級な飴《あめ》をお手伝いさんたちに配った。この飴は女性にも子供にも好かれていることを知っていて、わざわざ買い求めたものだった。自分で言うのも何だが、これもまた「相手を喜ばせる」ということの一つなのである。

ケーキを手に、国際興業本社ビル二階の会長室に入ると、テレビの証人喚問で見た「政商」がいた。がっしりとした体躯にハゲた頭。いかつい顔をほころばせたのはケーキを持参したせいでもあるまいが、

「おう、よく来てくれたな。どうだい、景気は？」

旧知のような気さくな口調で言った。

「おかげさまで、先月は中古車を五百台売りまして」

そんな話や、問われるまま麻布自動車の本社ビルを建てた話などをすると、

「で、アンタ、いくら儲かっているんだ?」

単刀直入に切り出した。

「アンタに相談というか、頼みがあってさ。クライスラー車を扱ってみないか。ウチの関連会社が日本の総代理店をしている。クライスラーを扱えば麻布自動車も全国的に知られるし、クライスラー本社のアイアコッカ会長とも知り会える。いいことばかりじゃないか。オレも応援するからさ」

小佐野さんはそう言ったが、クライスラーはアメ車のなかでも高級ではなく、日本ではまったくと言っていいほど人気がなかった。話を聞いているうちに、小佐野さんはクライスラーとの契約を解除するにあたって、後継企業を探していることがわかった。

小佐野さんが続ける。

「いろいろ考えてみたんだけど、アンタのところが一番いいと思う。ま、赤字額は五、六千万円、一億までは損はしねぇだろう。宣伝広告費だと思ってやってよ。それに売れ

残ったら、みんな帝国ホテルで買うからさ」

初対面で、しかも最初から損をすることがわかっている話を平気でもちかけてくる。さすがだと妙な感心をしたものだ。小佐野さんは帝国ホテルの筆頭株主で、のちに会長に就任するのだが、実質的な経営者と言ってよかった。帝国ホテルが引き取ってくれるのなら大丈夫だろう。それに、これを縁に小佐野さんと知り合えるのだから、多少のリスクは構わないと思った。小佐野さんがお願いしているのだ。お願いに応えるのが、私の子供のころからの処し方だった。

私はビジネスの師匠に恵まれた

予想どおり、クライスラーは売れ残った。

小佐野さんはさっそく帝国ホテルの犬丸一郎社長を呼ぶと、

「売れていないんだ。買ってあげなよ」

と言ってくれたのはいいが、私に向き直って、

「百六十万円でいいよな」

と念を押したのである。

これには私は驚き、

「会長、仕入れが三百万円ですよ。それを何で半値の百六十万円で売るんですか？」

抗議をしたが、

「いいんだ、いいんだ。オレ、儲からないって初めから言ってるじゃねぇか」

軽く一蹴されてしまった。

犬丸さんも買いたくはなかったろうし、私もその価格では売りたくなかったが、嫌とは言わせない雰囲気を小佐野さんは持っていた。これが「政商」と呼ばれる貫禄なのだろうと、私は損することよりもそちらに気を奪われたものだった。

結局、帝国ホテルに購入してもらったクライスラーの大型車は年間二十台、ダッジ・デイトナが年間五十台、別の車種が年間三十台で、全部で約百台にしかならなかった。

ビジネスとしては赤字だったが、ニューオーリンズで開催されたクライスラーの世界大会に夫婦で招待され、リー・アイアコッカ会長に会えたことは、いい経験になった。

よく知られているようにアイアコッカは、フォードの元社長で、フォードのオーナーであるヘンリー・フォード二世と経営方針をめぐって対立。解雇されたアイアコッカは、フォードのライバル企業であるクライスラーに請われて社長に就任すると、経営危機に陥っていた同社を立て直して「アメリカ産業界の英雄」と賞賛された。人間の格というのか、カリスマ性とはこういうものなのかと感嘆したものだった。

小佐野さんは私より十七歳年長だが、ともに不遇な少年時代を送っていることから可愛がってもらうようになり、やがて私のビジネスの師匠になった。

朝七時になると、小佐野さんから電話がかかってくる。

「いま、何やってんだ？」

「まだ寝ていますよ」

「オレは早く起きちゃってね。メシでも食わないか？」

こんな具合で、昼食は小佐野さんがオーナーの八重洲富士屋ホテルのレストランでご一緒しながら、商売にまつわるいろんな経験談や、今後の日本経済の動向などについて話してくれたものだ。これが縁で、私はハワイのホテルの買収に乗り出す。クライスラーがホテルへと転じていく。縁の不思議さと人間関係の面白さであり、この二つが人生を切り拓いていく。

一九八五年九月、「プラザ合意」前後のことだった。

「おい、今度、ハワイのアラモアナ・ホテルが売りに出されるらしい。お前、アレを買っちゃえよ」

昼食の最中、いきなり小佐野さんに言われて驚いた。

「会長は買わないんですか？」

「オレはハワイに五千八百室分のホテルを所有しているから、独占禁止法の関係でこれ以上買えないんだ」

と言った。

プラザ合意は先進五カ国（日・米・仏・英・西独）の蔵相・中央銀行総裁会議で、為替レート安定化に関する合意の通称。会議の会場となったニューヨーク市のプラザホテルにちなんで名づけられた。〝ドル安〟に導くもので、当然、円高は進む。小佐野さんによれば、この先もっと円高になるはずなので、ここは海外投資しかないというわけである。国際興業のメインバンクである三和銀行（当時）の国際部長とも話したそうだ。事実、プラザ合意発表の翌日、ドル円相場は一ドル二百三十五円から二百十五円になり、一年後は百五十円台にまで円高が進むことになる。

アラモアナ・ホテルを買えと言われて、私は考えた。ホテルはホノルルの中心に位置していて、アラモアナ・ビーチパークはすぐ目の前にある。高級ショップやレストランが並ぶアラモアナ・ショッピング・センターともつながっている。このショッピング・センターは、ホノルルを訪れる観光客の多くが足を運ぶ。小佐野さんは国内では熱海ホテル（のちに熱海富士屋ホテル）、強羅ホテル（のちに強羅富士屋ホテル）、ハワイではシェラトン・ワイキキ・ホテル、ロイヤル・ハワイアン・ホテル、シェラトン・マウイ・ホテルなどを持ち、「ホテル王」と呼ばれている。その小佐野さんが「買え」というのだから、間違いはあるまい。

私がハワイのホテル買収に乗り出すキッカケは、小佐野さんのこの一言だった。

「わかりました」

「このホテルは、古くからいる支配人が権力を握っているから、そいつと直に話をすればいい」

小佐野さんはそこまで調べていた。

私はすぐさまハワイに飛ぶと、現地在住の知人弁護士をともない、古参支配人と三回ほど交渉し、六千万ドルで買収が成立する。一ドル二百円の時代で、百二十億円の買い物を即断した。

その後、麻布自動車グループはハワイ島のロイヤル・コナ・リゾートホテル、ケアウホウ・ビーチ・ホテル、オアフ島のオハナ・ワイキキ・ビーチコマー・ホテル、マウイ島のマウイ・マリオット・ホテルなど六つのホテルを次々に買収。私は全五千五百室のオーナーになる。

〝ハゲタカ〟ファンドからハワイの名門ホテルを一ドルで買った!

ビジネスは損得を価値判断の基準におく。目先の得か、一時は損をしてものちの大きなリターンを狙うかはともかく、損得が基準にある。これは商品を売る一介の営業マンから企業オーナーまで共通する。

だが、取り引きは人間がする。数字を弾くのはコンピュータであっても、最後のゴーサインは人間が出す。これまで繰り返し述べてきたように、最後は人間関係がものを言うということでもある。私が買収不可能と言われていた名門のハイアット・リージェンシー・ワイキキを買えたのは、人間関係による。しかもオーナーは初対面で売却を決断してくれたのだ。

経緯はこうだ。

私は小佐野さんの指南で、アラモアナ・ホテルなど六つのホテルを買収したが、気になっていたのは、ハイアット・リージェンシー・ワイキキだった。何度か宿泊したことがあるが、世界に知られた名門ホテルだ。ワイキキビーチの中心地にある四十階建てで、眺望は素晴らしく、ダイアモンド・ヘッド・クレーターやアリゾナ・メモリアル、パリ展墓台など人気の観光スポットへのアクセスもよい。小佐野さんだけでなく、多くの実業家たちが買収を試みたが、だれも果たせないでいた。

何度か泊まるうち、

「売るらしい」

というウワサを耳にしたが、小佐野さんに確認すると、

「それはない。さすがに名門のハイアットは売らんだろう」

と否定した。


そんなある日のことだ。

ハワイ在住の顧問弁護士から、

「ピーター・モリスがハワイに来ています。ハイアット・リージェンシーを売りに出す
という情報もあります」

という極秘情報が飛び込んできた。

ピーター・モリスはハイアット・リージェンシー・ワイキキを所有しているVMSコーポレーションの社長で、米国本土から来ているという。VMSは投資ファンドだ。投資ファンドは、安く仕込んで高く売るビジネスだ。ハイアットの買収は無理だと小佐野さんは言っているが、金額さえ折り合えば手に入るのではないかと直感した。問題は金額だが、折り合うかどうか、会って話をしてみなければわからない。

私はすぐさまハワイに出向き、ホテル二階のステーキハウスで通訳を交え、モリス社長と交渉した。売買価格から始まって買収後の従業員の雇用など、詰めなければならない細かい条件はたくさんある。初回でもあり、ビジネスの話以外に雑談もした。戦災孤児時代の苦労話から現在に至るまでの半生を、ジョークを交えながら問わず語りにしているうちに、

「よし、売ろう！　あんたのことを気に入った」

とモリス社長が言った。

これには私が驚いた。合理主義のアメリカ人で、しかも〝ハゲタカ〟と揶揄される投資ファンド会社のトップが、「あんたのことを気に入った」という極めて情緒的な理由で即断したのである。私と同様、小柄な男だったが、器の大きさに感心しつつ、ビジネスは結局、人が人を動かすのだということをあらためて再認識したのだった。

買収価格は二億六千五百万ドル。一ドル百二十円のレートで約三百二十億円で交渉は成立した。名門ホテルだけに、これまで買収したホテルより桁違いの値段だったが、日本人がハイアット・リージェンシー・ワイキキを手に入れたということ自体、ビッグニ

ユースとして世界のホテル業界を駆けめぐることだろう。

こうして交渉が成立し、握手した直後、

「ワタナベ、一ドル寄こせ」

と、モリス社長が言った。

意味がわからず、ポケットから一ドル札を出して渡すと、

「これは手付けとしてもらっておく」

と大マジメな顔で言って、テーブルに備えつけの紙っきれに
「お前に売る」

「私が買う」

と書き込んで自分のサインをしてから、私に差し向け、

「お前もサインしろ」

と言ったのである。

私は呆気にとられ、傍らの顧問弁護士を見やると、私の気持ちを察して、

「モリス社長本人が書いたものですから大丈夫、契約成立です」

と言ってニッコリ笑った。

これには余談がある。

帰国すると、すぐ親交のあった読売新聞のナベツネこと渡邊恒雄さんに連絡した。ハイアット・リージェンシー・ワイキキを手に入れたことが記事になれば、麻布自動車グループの名声が上がると思ったからだ。

ところが、毒舌家のナベツネさんは、

「バカ野郎！　お前ね、ホテルを買ったから新聞に載せろなんて、聞いたことねぇぞ」

「実は一ドルで買ったんですよ」

「一ドルだと？」

「ええ。一ドルです。一ドルで契約したんです」

経緯を説明すると、

「そうか。ま、あんたの話はおもしろそうだから、取材に行かせるよ」

そして数日後、読売新聞全国版に『一ドルでハワイの名門ホテルを買った男』という記事が掲載され、私は一躍「渦中の人」になり、目論見どおり麻布自動車グループの名前は国内だけでなく、世界に向けて発信されたのである。

戦災孤児として苦労したことを売り物にするわけではないが、来歴を問われると、そこに触れないわけにはいかない。そこが私の原点であり、人生はそこから新たに始まっている。境遇としてはマイナスからのスタートだったが、このマイナス分が、のちに生きてくることになろうとは、足利市のモリハルで働いていたときは夢にさえ思わないことだった。

三井信託銀行と二人三脚で走ったものの

バブル経済は、土地を担保とする〝雪ダルマ式ビジネス〟である。

土地を手に入れ、それを担保に金融機関からカネを借りて、さらに土地を仕込んでいく。当時、メディアはいみじくも〝土地転がし〟と呼んだが、地価が高騰し続けている限り、土地ビジネスは雪ダルマ式に大きくなっていく。

一方、金融機関は融資による利息をビジネスとする。だから〝雪ダルマ式ビジネス〟

に融資する。貸すほうも、借りるほうも〝雪ダルマ式〟に成長していく。これがバブル経済であり、日本は好景気に沸いた。

だが〝雪ダルマ式ビジネス〟も、根っこは人間関係だ。「この人とならば」という全幅の信頼があって初めてパートナーになる。金融機関として私の後ろ盾になってくれたのは、一九八七年に三井信託銀行（当時）の社長になる中島健さんだった。

ハワイのホテルを次々に買収していった資金の多くは三井信託銀行が融資してくれ、中島さんとは家族ぐるみの付き合いをしていた。金融機関は競ってカネを貸していた時代、中島さんと私は肩を組み、二人三脚で走っていた。足に結んだ紐は、信頼という名の強固な紐だった。一九九〇年、私が麻布十番の一等地に建てた近未来的なビルの「ジュールA」は、地上十一階、地下四階で麻布自動車グループのシンボルになるが、この土地の取得とビル建設を勧めてくれたのも中島さんだった。

前述した読売新聞の渡邊恒雄さんとは、中島さんの紹介で親しくなったし、私は日産自動車社長時代の石原俊さんらを中島さんに紹介するなど、人間関係という〝友達の輪〟は広がっていった。

その中島さんが亡くなるのは奇しくも「ジュールA」が完成する一九九〇年の一月下旬のことだった。思えばこのときが、バブル崩壊前夜ということになる。二人三脚という人間関係の紐が切れてしまったのである。

中島さんからゴルフに誘われ、鎌倉近くのゴルフ場に出かけた。私のほかに、昭和電工の鈴木治雄名誉会長、山種証券の関昭太郎社長、クラリオンの小山田豊社長、日産の石原さん、野村証券やトヨタの専務たちがいた。

寒い日だった。ハーフをまわったあとの食事で私は熱燗を飲んだが、中島さんの元気がない。アン肝が好物でいつも食べるのだが、箸もつけない。体調が悪そうなので、

「社長、午後はやめましょうよ」

と言ったのだが、このとき既に日産の石原さんが食事を終えてコースに向かって歩き始めていた。

その後ろ姿をみやりながら、

「お年寄りが回るのに、私が行かないわけにはいかないよ」

と言って立ち上がった。このとき中島さんは私より十歳年上の六十六歳だったが、財界では若いほうだった。さらにハーフを回り、みんなで風呂に入ったあと、賑やかな酒席になったが、中島さんはいつものようには飲まなかった。

「身体には気をつけてくださいよ」

と言って別れた翌々日、中島さんの入院を知らされる。心筋梗塞だった。

すぐ入院先の三井記念病院に見舞いに行ったら、

「喜太郎さん、大丈夫だよ、心配しなくても」

と元気だったが、その二日後、容態が急変して不帰となる。二人三脚という人間関係の紐が切れた瞬間だった。

そして中島さんが亡くなって二カ月後、大蔵省（当時）は金融機関に対して総量規制を通達する。バブル崩壊の導火線に火がつき、翌九一年、地価税（土地保有税）を導入したことで、日本の好景気は轟音を立てて弾け飛ぶ。

三井信託との全面対決で得たもの

不動産価格の下落で、バブル経済は一気に崩壊した。不動産を担保にした融資は担保割れになり、金融機関は不良債権を大量に抱えることになる。

実は、中島さんが亡くなる二年前、六本木三丁目の一角に高層ビルを二棟建設する計画が持ち上がり、私は六本木開発株式会社を設立して用地買収に乗り出していた。

この計画は事実上、三井信託のプロジェクトで、

「うちがカネを出すから、二千坪ほど買収して欲しい」

と、中島さんに依頼されたものだった。だから六本木開発の社長に三井信託銀行出身者を充てた。東急建設が建設を条件に債務保証し、一千億円以上が投入された。用地買収さなかに中島さんは亡くなり、バブルが弾けたことでプロジェクト計画は行き詰まり、不良債権になってしまう。私と、三井信託銀行との壮絶な闘いは、水面下で静かに火花を散らし始めていた。

総量規制で銀行の融資が止まってしまったので、私は資金調達として住宅金融専門会

社を頼る。金利が高いため、手持ち資金が急速に枯渇していく。それでも三井信託はメインバンクとして支えてくれた。毎月五十〜六十億円を入れてくれたので、それを他行への金利支払いに充てた。さらに、麻布自動車グループのシンボルとした麻布十番の「ジュールA」も含め、大型物件を三井信託直系のファンド会社に融資価格で引き取ってもらった。

だが、私と三井信託との間には、考え方に決定的な違いがあった。三井信託としては資産を処分して、借入金の返済に充てようとする。一方の私は、手持ちの不動産をできるだけ売却せず、再び地価が上昇するのを待つという考えだ。

地価の再上昇については、私の念頭に一九七三年の第一次オイルショックのときのことがあった。麻布自動車グループは危機に瀕し、急場を日産自動車の石原さんに助けてもらったことは既に紹介したとおりだが、当時、政府のテコ入れで土地下落は一年半で止まった。今回も、政府は必ず政策を転換すると読んでいたのだ。ところが政府は無為無策で、日本は平成不況という長いトンネルに入ってく。政府がまさかそこまで無能とは思わず、結果からすれば私の見誤りということになる。

三井信託は九一年暮れ、私に対して次の手を打ってきた。三井信託から五人の役員と社員五人を麻布建物に送り込んできたのである。占領国に進駐する進駐軍である。彼らのうちの一人が社長になり、私は会長に祭り上げられ、古参社員たちは彼らを「五人組」と呼んだ。

このままでは私は追い出され、「五人組」の執刀で麻布自動車グループは生体解剖されてしまう。指をくわえて見ているわけにはいかない。私は顧問弁護士と相談のうえ、麻布建物の株を増資。株主総会を開催して「五人組」をすべて解任。三井信託との全面対決であった。

中島さんが生きていたら、こういうことにはならなかっただろうと私は思った。自分の利益や保身を第一に考えるのではなく、お互いが「相手のためにどうするのがベストか」を考える。前に進むときも二人三脚なら、退くときも二人三脚であるべきだ。そのほうが結果として傷口は浅くなる。肩を組んだ二人三脚の二人がケンカすればどうなるか、言うまでもないだろう。

「世界第六位の富豪」の座はこうして引きずり降ろされた

それでも正直言って、私は三井信託にも、「五人組」にも怨みはなかった。人にはそれぞれ立場があり、その立場によって仏にもなれば鬼にもなるということが、丁稚奉公のころから身に染みてわかっている。このことは既に紹介したが、問屋の倒産のあおりを受け、モリハル織物工場の手形が不渡りになったとき、私は主人に代わってカネを借りに訪ね歩いた。倒産した問屋と手形の買い戻し交渉もした。要するに借金取りである。十八歳の若者にはつらく、嫌な役目だったが、私は立場上、そうするしかなかった。

そのときのことを振り返ると、三井信託としてはそうするしかなく、仕事の一環として当然であったろう。三井信託とは全面対決はしたが、それはルール内で戦う経営上の問題であって、個人的には怨みはなかった。だから、三井信託のことも、進駐してきた「五人組」のことも、私は悪口はいっさい言わなかった。あれから二十余年が経つが、いまでも当時の三井信託の役員や幹部社員が、私の会社に遊びに来てくれる。人間関係とは、そういうものだと思っている。

批難されるべきは、国家権力を背負い、正義の使者ヅラした連中たちだ。人の悪口を言わない私だが、こういう手合いについては、ハッキリと言っておきたい。設立までの詳細は割愛するが、政府は住宅金融債権管理機構と整理回収銀行を合併させてＲＣＣ（整理回収機構）を発足。債権の回収に当たらせた。初代社長に、元日本弁護士連合会会長の中坊公平氏が就任した。森永ヒ素ミルク中毒事件の弁護団長などを務めた有名弁護士で、「正義の味方」として登場したのである。

それが責務であるなら、強引な債権回収はやむを得ないだろう。中坊氏は二百人の弁護士を使い、「競売」と「逮捕」の文言で債務者を追い込んだ。私も麻布建物担当の二人の弁護士から事務所に呼び出され、

「債権回収の妨害をしたら告発するぞ」

と脅かされた。

麻布グループも債務を圧縮するにあたり、他の債権者をまったく考慮しない整理回収機構には手を焼いたものだ。

中坊氏はその後、破綻した大阪・朝日住建の債権回収で、ほかの債権者を騙していた

ことが明るみになり、二〇〇二年、東京地検特捜部に詐欺罪で告発された。だが、中坊氏は弁護士を廃業するということで情状され、起訴猶予処分になるのだった。

いま思うと、当時の私は会社を守るため、従業員や家族を守るために、それと弁護士の助言もあって、多少の無理をしたのかもしれない。結果、私は逮捕された。

東京地方検察庁の取調室で、三回目の事情聴取を受けたとき、検事は軽い口調でこう言った。

「はいはい、逮捕状、出ていますよ。今日は泊まっていくことになるよ」

それに引き替え、「正義の味方」という仮面を被って人倫に悖《もと》ることをした中坊氏は、あっさりと起訴猶予処分で済ませられる。世のなかの不条理というものを思わないわけにはいかなかった。

実は、逮捕数日前、ある一件があって、「これは、やられるな」と覚悟したことがある。

私の顧問弁護士から電話で、

「東京地検特捜部が喜連川カントリーでプレーしたいと言っているので、招待してやってください」

と言ってきた。

被疑者がオーナーのゴルフ場で、地検特捜部がゴルフするというのも妙な話で、プレーするのが検事かどうかわからないし、何らかの事情があるのだろうと思いつつ、私は社員に命じてゴルフ場に手配させた。

ところが、どこで行き違ったのか、ゴルフ場の担当者が「満員です」と言って地検の予約を断ってしまったのである。このことを私が知ったときは後の祭り。

（これは、やられるな）

と思っていたら、逮捕されてしまった。

ゴルフ場の予約を断ったことと、私の逮捕が関係あるのかどうか、それはわからないが、弁護士は後々まで、

「あのとき、プレーさせていたら逮捕されなかったはずだ」

と言っていたし、人さまより多少は人間の表裏を知る私も、世のなかはそんなものだろうと思ったものだった。

こうして私は「世界第六位の富豪」の座から降りていく。

低金利時代の落とし穴を見抜く力を持て！

私自身が熟慮し判断した不動産事業の失敗はないと今でも思っている。
適正な家賃収入がありそれに基づく借入金の返済計画も確立されていた。
ただし、経営判断を誤ったとしたら、金融機関が提案してきた事業に乗っかってしまったことだと思う。

世は正にバブル時代に入り各金融機関も貸付競争が激しくなり土地、株、とにかく何らかの担保があれば法人に限らず個人にも積極的に融資活動をしていた時代である。

そういう意味では現在と類似しているかもしれない。

当時の金融機関は資金需要がなくとも金融機関の方で案件を紹介してきた。
この物件を買っとけば儲かりますよ。資金がないと言うと仲介手数料他、諸費用まで融資するという。場合によっては、保有期間の利息まで上乗せして融資してくるところもあった。

私が悔やむのがそんな時期に六本木の地上げ案件を銀行から提案を受け、ほとんど自己資金を出す必要もなく、その事業を受けてしまったことだ。顎足付どころか銀行の人まで受け入れてしまった。

また、仕手戦で苦しんでいた小糸製作所という上場会社の株も私自身株投機で儲けようなんて一度も思ったことはない。

取引金融機関が困っていて何とか助けてほしいとの話で、これも自分の一円のお金も使わず金融機関がすべてお膳立てをして取得したものである。

その他、金融機関から頼まれていろいろしたが、結果的にはこの二つの案件が麻布グループの致命傷になったことは間違いない。いくら金融機関の依頼だといってもそれも含めて私自身が判断し、失敗したわけであるから、何ら言い訳するつもりはないが、私自身は借入の中身が自分のものであろうが金融機関からの紹介案件であろうが区別なく人生をかけて返済してきたつもりだ。

しかしながら、金融機関の方はどうだろう。経営責任を問われるどころか、国からの支援を受け生き延びている。

私に限らず、金融機関の貸付競争のため、強引な融資に苦しんだ人たちは数多いはずだ。都心の一等地に代々受け継がれてきた土地に金融機関の圧力で豪華なビルを建てさせられた結果、バブル崩壊で多大な債務を負い、返済に追われすべてを失ってしまった人たちは数知れない。日本は企業が倒産するだけでは済まされることはなく、個人保証というくくりでその人の人生すべてを奪い取ってしまう。

これは負け惜しみではなく、日本の場合、貸し手である金融機関の勧誘や強引な融資については何ら責任を問われないのはおかしいと思う。バブルという衝撃的な時代を経験しているはずの金融機関もその反省がないため、昨今もまた同じ過ちを犯している。

スルガ銀行のかぼちゃハウスの案件などは正に金融機関の営業方針によるもので、個人の夢をもてあそび過剰融資をした結果である。

これはスルガ銀行に限らず低金利時代に入り、すべての金融機関は大なり小なり行っていることだと思う。

スルガ銀行は氷山の一角である。

いまの好景気の先に見えるものを常に考えよ

バブル経済の崩壊後、麻布自動車グループの会社整理は決着がつくまで二十年を費やした。弾けるのは一瞬で、あとは雪崩を打つように企業倒産は連鎖していき、政府の無策によって日本経済は長い長い不況の時代に入っていく。

リストラの嵐が吹き荒れた。非正規雇用という労働環境の変化は、「働き方の多様化」というきれいごとではなく、企業が不況を生き残るための必然として生まれたものと私は思っている。

バブルは決して弾けたのではない。弾けさせてしまったのだ。飛行機の操縦を誤るのと同じで、政府という操縦者が着陸の仕方を誤り、墜落させてしまったのである。その責任は重く、万死に値する。

私は激動のバブル時代を生き、生き抜き、そしていまもこうして生きている。バブル時代の後始末を終えて以後は、人生に何の憂いもなく過ごしている。八十四歳を迎えて、私には語るべきことは何もない。ゴルフを楽しみ、歩くことを楽しみ、孫と遊ぶ日々は平穏で、至福の晩年と言っていいだろう。

「だが――」

という思いも、一方である。

狂乱のバブル時代を享受し、そのあとの辛酸も舐めた一人として、いまの日本について、これからの日本の行く末について、さらにＡＩの時代を前にして効率だけを追い求める日本人の価値観について、一言も発しなくていいのかという思いは、日増しに強くなっていくのである。

あとがき

国の借金は一千兆円を超えた。だが、その危機感は政治家も国民も希薄だ。「なんとかなるさ」と、根拠のない希望的楽観を抱いている。泰山鳴動して国会を空転させた「モリカケ問題」はいったい何だったのか。攻めた野党、逃げた与党に、国の舵取りとしての気概と責任感があるのだろうか

そして、「稼いだ者勝ち」という拝金主義。サッカーでも野球選手でも、その価値を決めるのは年俸であり、契約金であり、金銭を尺度として価値観が決まる。私は「バブルのチャンピオン」と呼ばれたが、守銭奴でもなければ拝金主義でもない。本書に記し

たように、「人に喜んでもらいたい」「人の役に立ちたい」と思って全力疾走したことで人間関係に恵まれ、結果として「チャンピオン」になったにすぎない。

偉そうなことを言える立場ではないし、そのことは誰より自分がわかっている。だが、一方で、バブル時代を享受した一人として、いまの日本をどう見るか、いまの日本人の生き方や価値観、仕事観をどう見るかということを言い残しておくのは、義務であり責務かもしれない。「なるほど」と納得する部分があればよし、「それは違う」と異論があるなら反面教師にもなる。

そんな思いから本書を執筆した。


これからAIの時代を迎える。時代の劇的変化をビジネスチャンスとして手ぐすね引く起業家もいれば、時代に取り残されるのではないかと不安を抱くビジネスパーソンもいるだろう。

だが、時代がどう変わろうとも、私たちは「人間社会」に暮らし、「人間関係」のなかでビジネスをしている。石器時代の石斧というツールがAIに取って替わったにすぎず、浮き足立つ必要はない。このことは、かつてパソコンが普及しはじめたころを思い起こしてみればわかる。

「これからの時代はパソコンが使えなければビジネスマンとして生き残っていけない」とメディアは喧伝したが、現実はどうなったか。

古代人が石斧を振りまわして獲物を仕留めたように、ビジネスパーソンの誰もがパソコンを自在に使って仕事をしているし、いまや小学生でさえスマホを持っている。ツールは世間に広まるに従ってより簡便になり、誰でも使えるようになっていくのである。

だが、「人間関係」は違う。ツールは時代とともに進化しても、人間関係術は古来より普遍のままであり、これをもって私はビジネスにおける「普遍の王道」とする。時代に逆行するように見えることから、本書のタイトルを「逆張りの生き方」とした。

経済指標で見る限り、日本経済はバブル時代をしのぐ好景気にある。繰り返し述べたようにAI時代も到来した。東京オリンピックが開催され、外国人観光客で日本はこれまでにないにぎわいを見せている。

それにもかかわらず、国民の多くが生活と将来に不安を抱えて生きている。そして、少子高齢化。これまで日本人が経験したことのない時代がやってくる。その時代にどう対応していくべきか。その答えを読み取っていただければ幸いである。

八月吉日

渡辺喜太郎

渡辺喜太郎

わたなべ・きたろう

一九三四年（昭和九年）東京生まれ。

戦災孤児から、足利での丁稚奉公を経て、22歳で自動車販売会社を設立し、中古車、高級外車の販売、不動産で成功する。最盛期にはハワイに6つの高級ホテル（部屋数5、500室）、港区に165カ所の土地・建物・栃木県に27ホール・ホテル温泉付きゴルフ場「喜連川カントリー倶楽部」を所有した。

資産55億ドルとして世界第6位の富豪となるまでに上り詰めた。バブルの崩壊によって資産を失ったが、20年をかけて会社の整理を完了させた。現在は「麻布自動車グループ会長」として再起に向けて活動している。

成功をつかみとる「逆張り」という生き方

二〇一八年九月十九日　第一刷発行

著者――――渡辺喜太郎
編集人・発行人――阿蘇品 蔵
発行所――――株式会社青志社
〒一〇七-〇〇五二　東京都港区赤坂六-二-十四　レオ赤坂ビル四階
（編集・営業）
TEL：〇三-五五七四-八五一一　FAX：〇三-五五七四-八五一二
http://www.seishisha.co.jp/

印刷　製本――慶昌堂印刷株式会社

ISBN 978-4-86590-070-5 C0095